文京区、36歳、作業療法士・鍼灸師

大野の手。静かに、そして正確に鍼を打つ。

今号で紹介する手のもち主は、作業療法士・鍼灸師という二つの肩書きをもつ、これぞまさに「二刀流」の治療家である。異なる価値観を対立させず器用に、そしてまっすぐ二つの世界に向き合いながら治療に取り組む姿を取材した。

関　健作
photo & text
KENSAKU SEKI

［上］いつも使っている鍼灸治療の道具。
［下］その人にあったストレッチやトレーニングも処方してくれる。

●せき・けんさく　1983年、千葉県に生まれる。2006年、順天堂大学・スポーツ健康科学部を卒業。2007年から3年間体育教師としてブータンの小中学校で教鞭をとる。2010年、帰国して小学校の教員になるがすぐに退職。現在フリーランスフォトグラファー。
［受賞］2017年　第13回「名取洋之助写真賞」受賞／2017年　APA
　　　　アワード2017　写真作品部門　文部科学大臣賞受賞
［著書］『ブータンの笑顔　新米教師が、ブータンの子どもたちと
　　　　過ごした3年間』（径書房）2013
［写真集］『OF HOPE AND FEAR』（Reminders Photography
　　　　Stronghold）2018／『名取洋之助写真賞　受賞作品　写
　　　　真集』（日本写真家協会）2017／『祭りのとき、祈りの
　　　　とき』（私家版）2016

「パチン、パチン」と鍼を弾く音が聞こえる。背中のつぼに指先で圧が加えられたあと、鍼が打たれた感覚があるが、チクリという痛みはない。筋肉の深いところに鍼が到達したのだろう、ずしっとした重くて鈍い刺激を感じた。背中の「つぼ」と呼ばれる場所に鍼を静かに突き立ててゆく。治療後、ぼくの首回りと背中の可動域が上がり、慢性的な痛みも軽減されていた。まるで魔法のようだ。一連の作業は非常に慎重であり正確。彼の性格そのものだった。

大野亮、36歳。彼の片手には作業療法士としての経験があり、もう片方には鍼灸師としての技がある。作業療法士とは医師の指示の下、患者さんの日常生活に関わる「動き」を取り戻すリハビリテーションの伴走者のような仕事である。鍼灸師は東洋医学に根ざし、鍼やお灸を使い多くの疾病や症状を改善させる仕事だ。一見相反する世界のように感じる西洋医学と東洋医学の知識や技術を取得し、二刀流で活動を始めたのには理由があった。

小さいころ、人形劇を披露していた母につれられて介護施設によく足を運んでいた大野。この施設で、患者さんにリハビリなどで寄り添う人々の姿を知っ

治療前の問診。話をよく聴き出し、患者さんに寄り添う。

た。喜ばれ、笑顔がある仕事に将来を見つけた。そのときの憧れが、福祉専門学校の作業療法学科に進路を決めさせた。作業療法士の資格を取得し、東京都板橋区の病院で働き始め、入院している方へのリハビリテーションを担当。どの場所でも、患者さんによっても求められる技術が様々だった。その都度勉強を怠らなかった大野。よりよい作業療法を突き詰めていたところ、アメリカでは、リハビリに鍼灸治療を用いることを知った。日本の作業療法士ができるのは、徒手療法やADL（日常生活動作）練習を主にしたアプローチだ。もしかしたら、鍼灸を取り入れることで、患者さんをサポートできる領域が増えるかもしれない。大野は、まだ科学で解明されていないことが多い東洋医学の鍼灸治療に可能性を見出した。思いついたらすぐに行動してしまう彼は、病院で働きながら鍼灸の専門学校へ通い始めた。仕事が終わってすぐに夜間の学校へ通う、そんな日々を３年続け、ついに鍼灸師の国家資格を取得。

身に付けたスキルを活かすために、これまで勤めていた病院を退職。民間の株式会社が運営している訪問看護リハビリステーションに転職した。会社に許可をもらい、週４日は会社員の作業療法士として訪問リハビリを、残りの３日は個人事業主として作業療法と鍼灸の技術を使った訪問治療をしている。

ぼくも彼の治療を受けたが、非常にユニークだった。問診のあと、身体の可動域や痛みの原因などを調べていく。その後すぐに治療をするのではなく、会話を重ね、その人に合ったセルフストレッチやトレーニングを指導してくれるのだ。それからやっと鍼とお灸の治療が始まる。作業療法士と鍼灸師の経験がうまく合わさった独自の治療だった。西洋医学と東洋医学の考えを学び、患者さんの症状に合わせて処方を使い分けているのだと言う。目の前の人が楽になり、健康になり、喜ぶ姿を見ることができる。「人のためになりたい」その想いで治療に取り組んでいる。

小さなことで、すぐにカテゴリー分けしてしまい、壁を作ってしまう、そんな小さな自分に文字どおりお灸をすえられた気分だった。

●大野亮webサイト
https://ryoriry1125.wixsite.com/mysite-ryo

応援席の仲間たちと喜びを分かち合う静岡学園の選手たち。
「ベンチ入りできなかった仲間たちのために」と戦えるのも部活の魅力のひとつだ

部活が拓く未来

　Ｊリーグが誕生して四半世紀。全国各地の才能ある子どもたちがＪリーグのアカデミーに吸い上げられる流れは定着した。しかし、その育成システムが成功したと手放しで喜ぶことはできない。それはＪユース出身者で確固たる結果を世界の舞台で残した選手が少ないからだ。

　ここで改めて注目したいのが部活だ。今年の高校サッカー選手権は静岡学園が青森山田を下し24年ぶりの優勝を果たしたが、両校に共通しているのは、監督が信念とする指導方針を掲げ、ブレることなく選手たちの育成に尽力している点だ。教員が監督を務めていることで、長い年月をかけて一貫した育成を続けやすいメリットがある。そして、学校生活の中で仲間たちと「試合に勝つ」という目標に向かって走り続けることができる。

　以前、中村俊輔は、Ｊリーグの下部組織と高校サッカーの違いについて「前者はピッチ内のことを、後者はピッチ外でのことについて学べる」と話していた。日本人の強みはチームとしてまとまったときに発揮される集団の力だ。集団生活の中で人間性を磨きながら、サッカーに打ち込むことができる部活がもたらす恩恵は大きい。

[写真・文] 髙須　力　たかす・つとむ
東京都出身。2002年より独学でスポーツ写真を始め、フリーランスとなる。サッカーを中心に様々な競技を撮影。ライフワークとしてセパタクローを追いかけている。日本スポーツプレス協会、国際スポーツプレス協会会員。http://takasutsutomu.com/

[第11回]
season2
スポーツの 力

学校教育・
実践ライブラリ
Vol. 11

総合的な学習のこれからを
考える

連載

創る—create

42	田村学の新課程往来⑪ 教師のイメージ力	田村　学
44	続・校長室のカリキュラム・マネジメント⑪ 言葉と仕事に向き合う	末松裕基
46	ここがポイント！　学校現場の人材育成⑪ 指導主事の確保・育成	高野敬三
62	講座　単元を創る⑪ 学び手主体へのアップデート	齊藤一弥
64	連続講座・新しい評価がわかる12章⑪ モデレーション（ルーブリックの作成）	佐藤　真
66	学びを起こす授業研究⑪ 企業のキャッチコピーに学ぶ教育目標の設定	村川雅弘／八釼明美
76	進行中！　子どもと創る新課程⑪ 幼児期に育まれた「10の姿」を生かしたスタートカリキュラムの作成	鈴木美佐緒

つながる—connect

48	子どもの心に響く　校長講話⑪ 思いは見えないけれど、思いやりは誰にでも見える ──東日本大震災に思いを寄せて	手島宏樹
70	カウンセリング感覚で高める教師力⑪ カウンセリングのプロセス	有村久春
73	ユーモア詩でつづる学級歳時記⑪ 「肉とりじいさん」	増田修治
74	UD思考で支援の扉を開く　私の支援者手帳から⑪ 人間性にまつわる煩悩（4） ──呪縛からの決別	小栗正幸
78	学び手を育てる対話力⑪ 「対話力」が未来をつくる（1）	石井順治

知る—knowledge

38	本の森・知恵の泉⑪ 大人にも訴えかける「いじめ撲滅」の啓発書 ──『こども六法』	飯田　稔
40	リーダーから始めよう！　元気な職場をつくるためのメンタルケア入門⑪ ストレスに対抗する心の力をつける　その④「ワークライフバランスを整えよう」	奥田弘美

カラーページ

1	Hands　手から始まる物語⑪ 文京区、36歳、作業療法士・鍼灸師	関　健作
4	スポーツの力 [season2] ⑪ 部活が拓く未来	髙須　力

特集

総合的な学習のこれからを考える

●論 考——theme

14 「探究する学び」が未来を創る
── 「総合的な学習の時間」の未来予想図 .... 田村 学

18 行動し未来を創る総合的学習 .... 朝倉 淳

20 2030年のコミュニティと「総合学習」の可能性 .... 佐藤晴雄

22 総合的な学習の時間を核とした未来志向の安全防災教育 .... 村川雅弘

●事 例——case

26 防災 レジリエンスな持続可能な地域づくりのための「逃げ地図」活用の防災教育
.... 木下 勇／寺田光成

30 グローバル 総合的な学習の時間でグローバルな社会を生き抜くためのセンスを磨く
.... 三田大樹

32 ICT 「チャットボット」を用いて、自分たちのまちの魅力を発信しよう ── 米谷誠介

●提 言——message

34 教育課程上における総合的な学習の独自な貢献の可能性 .... 奈須正裕

エッセイ

8 離島に恋して！⑪ .... 鯨本あつこ
人々を惹きつける島

50 リレーエッセイ・Hooray! わたしのGOODニュース
すべての人との出会いに感謝！
── 『ミュージックプレゼント』50周年を迎えて .... [タレント] 毒蝮三太夫

94 校長エッセイ・私の一品
地域でつなぐ「夢」のバトン .... [静岡県川根本町立中川根第一小学校長] 石原一則

私の一枚 .... [岡山市立岡輝中学校長] 門田正充

ワンテーマ・フォーラム ──現場で考えるこれからの教育

研修での出会い・学び

55 全国の仲間で作ったカリマネ .... 知念 透

56 つまみ食いこそが、視野を広げる原動力 .... 中川斉史

57 研修での学びを生かす .... 小町成美

58 研修を通して、授業観・教師観のアップデートを .... 山名智美

59 教員と学校の研修・研究と、研究者としての喜び .... 村川雅弘

10 教育Insight .... 渡辺敦司
デジタル時代の学校像を展望 国研・教育革新フェイズ1シンポ

80 スクールリーダーの資料室
「日本語指導が必要な児童生徒の受入状況等に関する調査（平成30年度）」の結果について

人々を惹きつける島

五島市の島々 ［長崎県］

2020年の年明けに、五島市が社会増に転じたというニュースが飛び込んできました。日本全体が人口減少にあり、離島に限らず多くの市町村が人口減にあえぐ中、五島市では2019年に移り住んだ転入者が転出者を上回ったというのです。

五島市は長崎県の西端、五島列島の南端に位置する島々で構成されています。福江島を中心に11島の有人島があり、人口は約3万5000人。2018年には、キリスト教が禁じられた時代に、ひそかに信仰を伝え続けてきた人々の歴史を物語る教会群などが「長崎と天草地方の潜伏キリシタン関連遺産」として、ユネスコ世界文化遺産に登録されました。

厳格な歴史文化のイメージから、勝手ながら五島列島には厳しい人々が暮らしているんじゃないかと感じていました。しかし百聞は一見に如かず。訪れてみないとわからない魅力があるのです。

今年1月には五島市が主催する「五島ワーケーション・チャレンジ」という企画に参加しました。ワーケーションとは、「ワーク」と「バケーション」をくっつけた造語。旅先で仕事をしたり、出張先で休暇を取ったりする働き方を指します。

1月中旬から1か月間、3泊4日から9泊10日の

いさもと・あつこ　1982年生まれ。大分県日田市出身。NPO法人離島経済新聞社の有人離島専門メディア『離島経済新聞』、季刊紙『季刊リトケイ』統括編集長。地方誌編集者、経済誌の広告ディレクター、イラストレーター等を経て2010年に離島経済新聞社を設立。地域づくりや編集デザインの領域で事業プロデュース、人材育成、広報ディレクション、講演、執筆等に携わる。2012年ロハスデザイン大賞ヒト部門受賞。美ら島沖縄大使。2児の母。

NPO法人離島経済新聞社
統括編集長
鯨本あつこ

範囲で、普段は都市部に暮らしているビジネスパーソンが島に滞在するという企画で、子連れの参加者は島の保育園や小学校への体験入園・入学も利用できるとあって、我が家の子供たちにも地元の保育園を体験してもらいました。

働きながら島に滞在することが趣旨なので、日中は五島市内のカフェやコワーキングスペースで通常どおりの仕事を行いますが、夜は地元の方々との飲み会やワークショップなどに参加できます。週末となれば釣りにマラソン大会、祭りなどのイベントも目白押しです。

我が家は平日、子供たちが保育園に行っている間に仕事をこなし、週末は同じ年頃の子供がいる家族同士で釣りに出かけました。防波堤から海をのぞくと、すくい上げるだけで大漁になりそうなほどの魚群が見え、そこに釣り糸を垂らしていく子供たち。「釣れた！」という歓声とともに、10センチ満たない小魚が次々と釣り上げられていきました。

しかし、食べられそうにない小魚ばかりの釣果に、子供たちは次第にがっかり顔に。そこへボッボッボッという音とともに小舟が港に帰ってきました。沖釣りから帰ってきた釣り人に、子供たちは「何が釣れたのー？」と大騒ぎ。おじさんは大きな網から50センチ以上ある大魚を取り出すと、「持っていくか？」と言ってその場で血抜きをし、子供たちにおすそ分けしてくれました。おじさんのおかげで大漁！　ほくほくした気持ちで冬の海を後にしました。

ちなみに、私は4度目の福江島でようやくある夢を叶えました。それは「かっとっぽ」という五島ならではの珍味をいただくこと。シーズンが秋～冬のため、これまで出会うことができなかったのですが、ふるえるほど美味しい五島の味覚に舌鼓を打てたことで、またこの島の魅力に取り憑かれてしまいました。

そして、島の自然と、人の温かさにふれた我が子は、私や夫に「ここに住む？」と話し、帰り際には「帰りたくない」と号泣。五島にはきっと、こんな家族の一言から島に暮らすことを決めた人や、離れられない人がたくさんいるのだろうと確信しました。

写真左●ハコフグの中身を味噌で和えて焼きあげる「かっとっぽ」
写真中央●釣り人に魚をおすそ分けいただく私たち
写真右●五島ワーケーション・チャレンジではコワーキングスペースなどで通常業務を行う

デジタル時代の学校像を展望
国研・教育革新フェイズ1シンポ

教育ジャーナリスト
渡辺敦司

　国立教育政策研究所（中川健朗所長）は2月3日、2019年度から3年計画で実施している「教育革新」プロジェクトのフェイズ1シンポジウム「高度情報技術を活用した全ての子供の学びの質の向上に向けて」を開催した。同年7月のキックオフ（開始）シンポジウム（Vol.5本欄既報）に次ぐもので、ICT（情報通信技術）の浸透が人々の生活をあらゆる面でより良い方向に変化させる「デジタルトランスフォーメーション（DX）」時代の学校像を展望した。

　同プロジェクトは、人工知能（AI）やビッグデータなど高度情報技術の進展に応じた教育革新（「ペダゴジー〈学習科学等〉」×「テクノロジー」による資質・能力の向上）の展望と実現に向けた課題を整理し、克服の道筋を探るため、産官学連携による実証的な政策研究を目指している。

●ICTの普段使いで資質・能力育成

　開会あいさつで中川所長は、情報社会に続く人類史上5番目の社会であるSociety5.0（超スマート社会）の到来が予測される中でも、学校現場はまだバージョン4.0か3.8の段階にとどまっていると指摘。文部科学省が19年度補正予算で打ち出した「GIGAスクール構想」は5.2ぐらいの学びを考えるチャンスだと位置付け、柔らかい頭で未来の学校像を考えるよう提案した。

　これを受ける形で、パネルディスカッション①「高度情報技術を活用した全ての子供の学びの質の向上に向けた文部科学省の取組」が行われた。文科省の課長・室長に、所掌を超えてDX時代の学校像を自由に語ってもらおうというもの。

　モデレーター（司会役）の木村直人・官房会計課長は、これまでの優れた日本の学校の取組を継承しつつも、ICT環境整備によってこそ可能になる新しい学校のイメージをつくるよう呼び掛けた。

　教育課程課の板倉寛・教育課程企画室長は新学習指導要領を引き合いに、学びの質の向上は学習者の生きる力を育成するために行うものであることを強調。ICTも、資質・能力を育成するためのものであることが大前提だとした。

　情報教育・外国語教育課の髙谷浩樹課長は、ICTを学校現場で普通に使うものに変える必要性を訴える一方、小学校で必修化されるプログラミング教育も「あくまで情報活用能力の一手段でしかない」と注意を喚起。2018年のPISA（経済協力開発機構＝OECD＝の「生徒の学習到達度調査」）で問われた読解力は「情報活用能力そのもの」であり、ICT機器を文房具のように普段使いするようになることに期待を寄せた。

　桐生崇・初等中等教育局企画官（学びの先端技術活用推進室長）は、現在が▽正解あり▽個別・分野別▽やり方が一緒▽標準▽区別・階層分け▽

データ▽論理的・機械的——という時代から、▽正解は分からない▽統合・包括的▽やり方はまちまち▽独創▽包摂的▽意味・物語▽倫理的・人間的——という時代への分岐点にあるとの見方を示した。その上で「未来の教育のキーワード」として、①知識・技能はみんな習得可能に→「速度の差」と「テスト」の意義。教育はデータなしでは始まらないが、データだけでは完結しない②学び方（デバイス、ソフト）は一人一人に最適に。「タイプ分け」は不要に。だが、「人から学ぶ」はより重要に③「分からない」未来社会で幸福（Well-being）に生きるための学び。「真・善・美」。そのための「リアルな課題」の「試行錯誤」。ずっと学び続ける。「ワーク・スタディ・バランス」——を提案した。

教科書課の中野理美課長は、小学校教科書に占めるデジタル教科書の発行率（種類数ベース）が現在の20％から４月以降は94％に上昇することを紹介しながら、今後はデジタル教材を使って学びをどう充実させるかが課題だとした。

特別支援教育課の俵幸嗣課長は、特別支援教育の対象児童もICTを使って能力を発揮できたり、病室から授業に参加できたりするなどのメリットを挙げた。

議論の中で、桐生企画官は「人から直接的に学ぶことが希少価値になる」時代の中、人が集まって悩みながら学ぶ場である学校の重要性が増してくると展望。髙谷課長は、ICTを普段使いしている世の中にあっては教員も普段使いすべきだと考えを示した。

●学校現場の利活用ガイドも検討

続いて、パネルディスカッション②「教室に高度情報技術をもちこむ前に〜協調学習の原理と高度情報技術の効果」が行われた。米サンフランシスコから映像で参加するデジタル・プロミス社エグゼクティブ・ディレクターのジェレミー・ロシェル氏と、東京大学高大接続研究開発センターの齊藤萌木特任助教に、同センターの白水始教授が聞き手を務める形式。

この後、２本の事例紹介が行われた。１本目は、東京都千代田区立麹町中学校の戸栗大貴主任教諭と、同中にAI型タブレット教材「Qubena（キュビナ）」を提供する神野元基COMPASSファウンダーの「教室に高度情報技術をもちこむ前と後—生徒と教師の変化」、２本目は2014年創設ながらICTを活用した教育で注目される米ミネルバ大学マネジング・ディレクターのケン・ロス氏による「University in the Digital age：Education first, technology second」。

最後に、パネルディスカッション③「ガイドライン策定に向けて」が行われた。19年６月に文科省が策定した「新時代の学びを支える先端技術活用推進方策」（最終まとめ）で提言された「学校現場における先端技術利活用ガイドライン」に盛り込むべき内容の参考とするのが目的。登壇したのは田村恭久・上智大学教授、益川弘如・聖心女子大学教授、神野ファウンダー、ロス氏の４人で、白水教授が司会を務めた。

白水教授は、子供の力を最大限引き出して指導要領の求める資質・能力を育成するためには▽学習者を主体とする▽デザインされた学びの場（学習環境）が要る▽学びの原理（に基づくデザイン）が必須▽だからこそEducation first, technology secondであるべき——と指摘。益川教授は、AI（Artificial Intelligence）よりもIA（Intelligence Amplifier、知能増幅器）の視点で、「テクノロジーによる判断」の活用よりも「教師による判断」の支援を行うよう提案した。

総合的な学習のこれからを考える

新教育課程では、総合的な学習の時間で重視されてきた社会との
つながりを重視する活動や、探究プロセスは「主体的・対話的で
深い学び」の視点からの授業改善はもとより、次代に必要な資
質・能力を子供に育むための重要な鍵になるともいわれます。未
来社会を生きる子供たちに必要な資質・能力と、そのための教育
の在り方について、総合がもつ可能性とは——。様々な視点や先
進事例から、これからの総合の意義と役割を見通します。

●論 考——theme
「探究する学び」が未来を創る
　　——「総合的な学習の時間」の未来予想図
行動し未来を創る総合的学習
2030年のコミュニティと「総合学習」の可能性
総合的な学習の時間を核とした未来志向の安全防災教育

●事 例——case
［防災］レジリエンスな持続可能な地域づくりのための「逃げ地図」活用の防災教育
［グローバル］総合的な学習の時間でグローバルな社会を生き抜くためのセンスを磨く
［ICT］「チャットボット」を用いて、自分たちのまちの魅力を発信しよう

●提 言——message
教育課程上における総合的な学習の独自な貢献の可能性

「探究する学び」が未来を創る
「総合的な学習の時間」の未来予想図

國學院大學教授
田村　学

AIロボットの活躍する社会

「お掃除ロボット」は、毎日毎日の掃除を繰り返すほどに家の中を上手に動き回るようになり、巧みに家の掃除をすることができるようになっていく。人工知能の力によって、家の構造や家具の配置などを把握し、掃除を行うたびに多くの情報を獲得し、掃除の腕を上げていく。私たちが繰り返し経験をすることによって習得し、その技を磨いていた掃除の知識や技能を、「お掃除ロボット」がいとも簡単に学習し、身に付け行為していく。

こうした人工知能の話は、連日、様々な場で耳にする。囲碁や将棋の対局、自動車の自動運転、自動翻訳、AIスピーカーなどは、既に私たちの生活の中にある。

しかも、人工知能を搭載した「お掃除ロボット」は長時間に渡って繰り返し働き続けることができるだけでなく、文句一つ言わずに丁寧に掃除をしてくれる。「面倒くさいな」とか「やりたくないよ」などと不満を口にしたり、嫌そうな表情をすることもない。「まあいいか」と手を抜くこともないらしい。

このように社会は大きな変革のときを迎えている。このことについては、多くの人が実感しているので

はないだろうか。

求められる「探究する学び」

多くの未来予測からも明らかなように2030年の近未来においては、想像以上の大きな変化が現実味を帯びてきている。そうした変化の激しい社会、日常の暮らしの中に人工知能などが普及する社会においては、ただ単に知識を暗記し、それを再現するだけの学習を行っていても社会で活躍できる人材にはなれそうにない。あるいは、豊かな人生を送ることも難しい。

知識の習得はもちろん重要ではある。しかし、これからの社会においては、身の回りに起きている様々な問題に自ら立ち向かい、その解決に向けて異なる多様な他者と協働して力を合わせながら、それぞれの状況に応じて最適な解決方法を探り出していく力をもった人材こそが求められているのではないか。また、様々な知識や情報を活用・発揮しながら自分の考えを形成したり、新しいアイデアを創造したりする力をもった人材が求められているのではないか。

こうした新しい社会で豊かに生活し、活躍していくためには、実際の社会で活用できる資質・能力を

身に付けることが大切になる。そのためにも、自ら設定した課題に対して、自ら学び共に学び、その成果を自らとつなげる「総合的な学習の時間」（高等学校においては「総合的な探究の時間」。本稿では、「総合的な学習の時間」と表記）における「探究する学び」が大切になってくる。

一方で、こうした話に対しては、「変化に対応できるかな」と不安になったり、「大変な時代がやってくるんだ」と恐れたりする人がいるかもしれないが、その心配はない。なぜなら、自分の課題を、自分の力で解決していく「探究する学び」は、とても楽しく充実した学びで、取り組み始めたら面白くて止められなくなるような学びだからだ。学び手が自ら学びに向かう力を存分に発揮させてくれるものと考えるべきであろう。

今後の教育課程全体に視野を広げるならば、知識の習得などについては、一人一人の子供に対応した個別最適化の方向に進むことが予想できる。一方で、より主体的で、より協働的で、より社会に開かれた「総合的な学習の時間」における「探究する学び」の比重が高まることも、それ以上に求められよう。学校という社会資本のもつ意味と価値が問われてくる中で、これまでとは異なる学校の存在理由が求められてくると考えることもできる。おそらく、その最も重要な役回りを「総合的な学習の時間」が担うこととなる。

教育課程の中核としての位置付け

「総合的な学習の時間」の近未来を予想することとしては、これまで以上に教育課程の中核となることをイメージする必要があろう。このことは、このたびの学習指導要領の改訂においても、学習指導要領第1章総則の第2の1において、次のように示されている。

> 教育課程の編成に当たっては、学校教育全体や各教科等における指導を通して育成を目指す資質・能力を踏まえつつ、各学校の教育目標を明確にするとともに、教育課程の編成についての基本的な方針が家庭や地域とも共有されるよう努めるものとする。その際、第5章総合的な学習の時間の第2の1に基づき定められる目標との関連を図るものとする。
>
> （※アンダーラインは筆者）

各学校における教育目標には、地域や学校、生徒の実態や特性を踏まえ、実現を目指す子供の姿がイメージされ描かれる。その実現に向けて教育課程を編成することとなる。その際、「総合的な学習の時間」が、極めて重要な役割を受けもつことが今まで以上に明確になった。具体的には、教育目標を三つの資質・能力で短期目標として再構成すること、その目標の実現に向けたグランドデザインを構想すること、単元配列表によって各教科等を横断して育成していくことの三つの手順によって実現に向かうことが考えられる。その中核に「総合的な学習の時間」が位置付くとともに、そうした取組が加速度的に推進されていくことが予想される。

「探究のプロセス」の質的向上

もう一つの予想は、「探究する学び」を実現するために、「探究のプロセス」の質的向上がこれまで以上に求められることをイメージする必要があろう。「総合的な学習の時間」の目標は以下のようになった。

> 探究の見方・考え方を働かせ、横断的・総合的な学習を行うことを通して、自己の在り方生

き方を考えながら、よりよく課題を発見し解決していくための資質・能力を次のとおり育成することを目指す。

> (1) 探究の過程において、課題の発見と解決に必要な知識及び技能を身に付け、課題に関わる概念を形成し、探究の意義や価値を理解するようにする。
>
> (2) 実社会や実生活と自己との関わりから問いを見いだし、自分で課題を立て、情報を集め、整理・分析して、まとめ・表現することができるようにする。
>
> (3) 探究に主体的・協働的に取り組むとともに、互いのよさを生かしながら、新たな価値を創造し、よりよい社会を実現しようとする態度を養う。
>
> （※高等学校学習指導要領）

　序文に引き続き、(1) 知識及び技能、(2) 思考力、判断力、表現力等、(3) 学びに向かう力、人間性等を列挙し、育成を目指す資質・能力が示されている。これを踏まえて、各学校において目標を定めることとなる。

　この目標の実現に向けては、「探究のプロセス」を経ることを重視し、その実現がポイントとなる。なぜなら、「探究のプロセス」においては、各教科等で育成された資質・能力が繰り返し「活用・発揮」される場面が生まれ、その結果、実際の社会で自由自在に使うことのできる資質・能力として身に付くことが期待できるからである。

　「総合的な学習の時間」では、図のような「探究のプロセス」を「探究する学び」のイメージとして示している。この「探究のプロセス」を参考に取り組むことが「探究する学び」に向かう近道であり、その一層の充実が期待されている。この「探究のプロセス」では、問題解決的な活動が発展的、連続的に繰り返されるひとまとまりの学習活動となる。そして、この「探究のプロセス」の中で体験活動や言語活動が繰り返し行われ、資質・能力が幾度となく発揮され、「学び」の質が高まっていく。

　資質・能力の育成は力を発揮し続けるプロセスの充実にあると考えるべきだ。気になること、悩み、迷い、解決せずにはいられない課題を設定し、その課題の解決に向かって多様に取り組むことで、問題解決の力は育成されるはずである。なんとしても相

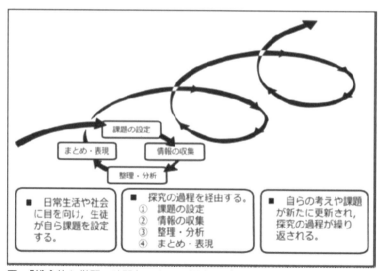

図　「総合的な学習の時間」における探究のプロセス

手に分かりやすく伝えたいと願い、発表の仕方を工夫したり、実際に伝えたりしていくことでプレゼンテーションの力は劇的に進歩していくのではないだろうか。

「探究する学び」については、「総合的な学習の時間」だけが行うわけではなく、教科においても必要となってくる。その違いは、生徒の本気度や真剣度、主体性などの「探究する学び」自体の質に違いがある。教科における「探究する学び」は、各教科固有の学びを確かに歩みながら進めることが欠かせない。それに対して、「総合的な学習の時間」は、全ての教科の学びを生かし、活用して、子供が自由自在に闊達に学んでいくこととなろう。また、教科の学びは扱う対象も一定程度制限される。「総合的な学習の時間」は、現実社会の事象を、自らの関心に基づいた自分事として扱うことになる。ここに学際的な広がりも生まれる。

なお、この「探究のプロセス」の質的向上については、目的と方法が一貫していること（整合）、資質・能力を活用していること（適合）、深く掘り下げていること（鋭角）、広い視野で取り組んでいること（広角）などの高度化が大切になろう。また、探究が一層自律的になるよう、自分事の課題を、自分の力で運用し、その成果を自らのものにするなどのイメージをもつことが必要になろう。

「未来社会を創造する主体としての自覚」を確かにする

こうした「探究する学び」を中核に据え、学校全体で積極的に取り組んでいる学校が増えている。近くの学校や身近な高校生が地域の課題を解決し、地域の活性化に向けてチャレンジしたニュースなどを聞いたことがあるのではないか。

これらについては、小中学校でも取り組んでいる

が、高校生の学びはそれらとは比較できるようなものではない。高校生の行動力、発想力、思考力などが、より深い本物の「探究する学び」を実現していくはずだ。小中学校が「探究的な学習」であるのに対して、高等学校こそが「探究」なのである。

大学の研究室で取り組むような研究を行う子供もいる。サイエンスやテクノロジーと結び付けて追究する子供もいる。SDGsのようなグローバルな課題を自分の暮らしや地域の生活と関連付けて考え続ける子供もいる。町の未来や将来に向けて行動し、発信し、町の元気を生み出している子供もいる。自らの将来を確かに描く子供たちが生まれてきている。こうした多様で豊かな「探究する学び」は、自らの将来や進路を考えることに直接つながり、自分自身のキャリアを考えることにもなる。そして、それは生涯にわたる学びにもなる。

このことは、実は「未来社会を創造する主体としての自覚」を確かにしていくプロセスと考えることができる。「探究」は変化する社会に対応する人材を育成することにとどまらない。社会の変化をただ単に受け身になって受容するのではなく、未来の社会、将来の社会を、自らの手で創り上げ、構築していくという極めて能動的な姿に大きく寄与するものと考えるべきであろう。「探究する学び」こそが、未来社会を創造するのであろう。

Profile

たむら・まなぶ　1962年新潟県生まれ。新潟大学卒業。上越市立大手町小学校、上越教育大学附属小学校で生活科・総合的な学習の時間を実践、カリキュラム研究に取り組む。2005年4月より文部科学省へ転じ生活科・総合的な学習の時間担当の教科調査官、15年より視学官、17年より現職。主著書に『思考ツールの授業』（小学館）、『授業を磨く』（東洋館）、『平成29年改訂小学校教育課程実践講座総合的な学習の時間』（ぎょうせい）など。

行動し未来を創る総合的学習

安田女子大学教授
朝倉 淳

「行動」する力の育成

　2015年9月、国連サミットにおいて、SDGs（持続可能な開発目標）が採択された。そこに記されたものは、2030年に向けて達成するために掲げた「1貧困をなくそう」「2飢餓をゼロに」「3すべての人に健康と福祉を」「4質の高い教育をみんなに」など17の目標であり、人類の生存に関わる課題でもある。

　SDGsに象徴されるような現在、そして未来に必要なのは「行動」することである。行動しなければ、目標の達成も課題の解決も成しえない。行動するということは、思考し判断して、実際に身体を動かして何かをすることである。また、行動は新たな思考や判断につながるものである。行動と思考や判断は切り離せない。小学校の生活科における「具体的な活動や体験」も同様である。

　「OECD Education 2030プロジェクト　教育とスキルの未来：Education 2030」（文部科学省初等中等教育局教育課程課教育課程企画室　仮訳（案））には、行動や行動に必要な力に関して次のような記述（見出し）が見られる。

　「学習者のエージェンシー：複雑で不確かな世界を歩んでいく力」

　「行動に移すことができるような、知識、スキル、態度及び価値の幅広いセットの必要性」

　「私たちの社会を変革し、私たちの未来を作り上げていくためのコンピテンシー」

　様々な知識や技能、力や経験を活用しつつ、多様な他者と協働して、個人的な課題や社会的な課題に取り組み、未来を創っていくことが一層重要になっているのである。

　個人的な課題も地域の課題やグローバルな課題も、それらは特定の教科等の枠に収まるものではなく、教科等横断的で総合的である。行動して目標や課題に取り組む資質・能力の育成は、まさに総合的学習が要となろう。「総合的な学習の時間」「総合的な探究の時間」などの中心的な意義である。

「行動」を軸にした総合的学習のデザイン

(1) 世界と未来につながる探究課題

　総合的学習における探究課題は、何らかの形で地域の事象と関係付くことが望ましい。なぜなら、それによって直接的な観察、調査、参加、発表などの行動が可能になるからである。同時に、地域の事象は世界につながることも大切にしたい。たとえば、

微小プラスチックの問題も地球温暖化による問題も、地域の事象であり世界の事象でもある。今日では、身近な事象も世界につながっているのである。

また、総合的学習における探究課題は、未来につながることも大切にしたい。答えのない課題に取り組み行動することは、誰にとっても挑戦であり、未来を創る営みにほかならない。

このように考えるならば、教師は、SDGsなどを参考にして探究課題のもつ意味やつながりを捉えておくことが必要であろう。探究が世界や未来とつながる総合的学習でありたい。

(2) 行動を軸にした総合的学習の過程

行動を軸にした総合的学習の過程は、「Education 2030」に記述されている「見通し－行動－振り返り」（Anticipation, Action, Reflection = AAR）でイメージすることができる。この過程は「課題の設定－情報の収集－整理・分析－まとめ・表現」という探究の過程の全体や一部に重なるものである。

総合的学習の単元における行動には目的や見通しがあり、学習活動は計画的で組織的である。ただ、行動そのものを目的とするのではなく、行動によって生まれる影響や効果を目的とすることが重要である。たとえば、地域の観光マップを作成する単元では、マップの作成自体が目的ではなく、地域を訪れた人々がマップを手にして観光し、楽しい経験をすることを目的とするのである。マップ作成の相手意識や目的意識が具体的なイメージとなり、学習の振り返りも明確になる。これまでも多くの総合的学習には、単元のストーリーに行動が位置付けられている。

行動を軸にした総合的学習では、次のようなことが期待できる。このような特長が生きる学習としたい。

①学習が具体的、合目的的となる

行動を前提とし、行動につながる学習であることから、学習は自ずと具体的なものとなる。抽象的な議論や心がけではなく、行動の目的に照らしてどうするのかを具体的に考え、判断し、実行することにつながる。

②当事者意識が高まる

一人一人が実際に行動する学習であることから、それぞれの当事者意識が高まる。探究課題と自分との関わりが明確になることで、より主体的な課題への取組が期待できる。

③未来に向けて振り返る

自分が関与し行動したことの結果は気になるものである。行動を軸にした総合的学習では、振り返りによって結果や過程が吟味される。それは、次にどうするのかという未来を志向する営みである。

(3) 「行動」を支えるカリキュラム・単元計画

実際に何かを行うと、物事は決して予定どおりには進まず、いろいろなハプニングも発生する。行動しながら様々な情報を収集し思考し判断して、行動を調整したり粘り強く取り組んだりすることになる。行動を軸にした総合的学習では、柔軟で弾力的な運用が可能な、新しい様式のカリキュラムや単元計画が必要となるであろう。

AIが進展する中、多くの問いに対して簡単に瞬時に答えが得られるような環境が生まれつつある。私たちの暮らしを助ける一方で心配もある。人としての在り方、生き方は大丈夫であろうか。

行動しなければ、未来を創造することはできない。

Profile

あさくら・あつし　博士（教育学）。安田女子大学教授。広島大学客員教授。日本生活科・総合的学習教育学会副会長。広島大学学校教育学部講師、広島大学大学院教育学研究科助教授、同教授、広島大学附属東雲小・中学校長などを経て現職。『総合的な学習の時間・総合的な探究の時間の新展開』（共編著、学術図書出版社、2019年）など著書・論文多数。

2030年のコミュニティと「総合学習」の可能性

日本大学教授
佐藤晴雄

コミュニティ・スクールの将来

2019年5月現在、コミュニティ・スクール（以下「CS」）は全国7601校（717教育委員会）にまで急増した。CS急増の背景には法改正のみならず、コミュニティの活性化や「社会に開かれた教育課程」の推進という動きがあることも見逃せない。「社会に開かれた教育課程」にとって地域社会との連携が不可欠だが、とりわけ「総合的な学習の時間」（以下「総合」）ではその連携が強く求められてくる。

このように、CSは地域等の学校経営参画の仕組みにとどまらず、「総合」をはじめとする教育活動にも積極的な関わりが求められるようになり、コミュニティづくりにも大きく寄与することになろう。

新学習指導要領における「総合の扱い」

中教審答申（2016年）は、2030年の社会と子供たちの未来の章で「子供たち一人一人が、予測できない変化に受け身で対処するのではなく、主体的に向き合って関わり合い、その過程を通して、自らの可能性を発揮し、よりよい社会と幸福な人生の創り手となっていけるようにすることが重要」だとする。

そして、「新学習指導要領解説　総合的な学習の時間編」は、「地域との連携に当たっては、よりよい社会を作るという目的の下、コミュニティ・スクールの枠組みの積極的活用や、地域学校協働本部との連携を図ることなどにより地域社会と共にある学校を実現することが期待されている」と述べる。そして、「地域の素材や地域の学習環境を積極的に活用したり、児童が地域の一員として地域の人々と共に活動したりする」取組は、「学校を地域に開くことにもつながり、保護者や地域との信頼関係を築く大きな要因となると共に、学校を核として地域社会も活性化していく」と述べ、『『次世代の学校・地域』を創生していくことにもつながる」と解説する。

そもそも「総合」の特徴の一つは、教科書を使用しないことから学校や教師の裁量の範囲が広い点にある。児童生徒の視点からは、教科書による受け身的な学習よりも、課題に主体的に向き合う学習に適していることになる。

これから求められる地域人材の育成

少し古いが内閣府の「地方再生に関する特別世論

調査」（09年調査）によると、「地域が元気になるために特に期待する政策」という問いに「地域の人材を育成するための特色ある教育の充実」を選択した者の割合は、05年23.6％から07年40.1％に増えている。なお、09年は質問内容が少し変えられたためか、34.3％に減少したが、05年比では増加している。

これら数値を見る限り、30年にはその数値が50％を超えるものと予測でき、地域人材育成がますます強く求められるであろう。

CSの活用と本部との連携

それでは、「CSの枠組みの積極的活用や、地域学校協働本部との連携」にどう取り組めばよいのか。

(1)学校運営協議会を地域情報のハブとして活用する

まず、学校運営協議会（以下「協議会」）の委員には多様な分野に属する人材を集めて、協議会を情報・資源ネットワークのハブに位置付けることが望まれる。保護者や地域住民であっても、様々な職業や属性を有する者を委員に据え、学識経験者も多様な専門性を有する委員を任命するのである。これら人材には教職員よりも社会の変化により敏感な者が多いと言ってよい。

そうして多様な委員が一堂に会する協議会をハブに位置付ければ、地域教育資源の活用や情報の聴取等が効率的に行うことができる。実際、議事として「地域人材の活用」を取り上げた学校は87.7％となり、「教育課程」も78.2％と多い（佐藤、2019）。これら議事は各教科よりも「総合」を視野に入れていると考えられ、今後も地域人材・資源を活用した「総合」や特色ある教育課程編成に協議会の意見を活かすことが期待される。

(2) 学校運営協議会と地域学校協働本部の関係

協議会と地域学校協働本部との関係を、○本部を協議会の下部組織に置くタイプ、○下部組織ではないが、両者を連携させるタイプ（コーディネーター等が両者の媒介役になる）、○両者は連携させず分立するタイプに分けた場合、校長の成果認識が最も高かいのは「連携」タイプである（佐藤、2019）。

(3) 必要課題と要求課題の協議

ところで、社会教育では学習課題を必要課題と要求課題に分けて捉える。必要課題は、指導者が学習者にとって必要だと捉える課題で、学校教育における教科書に盛られた学習課題が当てはまる。一方、要求課題は学習者が望む課題であり、学習者のニーズを取り込む課題になる。この捉え方は「総合」にも応用されてよい。

「総合」の場合には教科書がないため、要求課題のみならず、必要課題も学校で設定できる。しかし、これら課題は地域性に大きく左右されることから、学校のみの判断によるよりも、学校運営協議会に諮り、何が必要で、地域の子供たちが何を求めているのかを議論し、必要な情報を収集することによって深まるはずである。

[参考文献]
• 佐藤晴雄『コミュニティ・スクール―増補改訂版』エイデル研究所、2019年
• 佐藤晴雄編『コミュニティ・スクールの全貌』風間書房、2018年

Profile

さとう・はるお　日本大学文理学部教育学科教授。東京都大田区教育委員会、帝京大学助教授などを経て2006年から現職。中央教育審議会専門委員（初等中等教育分科会）、文部科学省コミュニティ・スクール企画委員などを歴任。博士（人間科学）大阪大学。日本教育経営学会理事、日本学習社会学会会長など。主な著書に、『コミュニティ・スクールの成果と展望』（ミネルヴァ書房）、『教育のリスクマネジメント』（時事通信社）、『新・教育法規解体新書』（東洋館出版社）ほか多数。

総合的な学習の時間を核とした未来志向の安全防災教育

甲南女子大学教授

村川雅弘

　昨年2月、空港に向かおうとしていた矢先に研究室の電話がなった。「豪雪により受講生が来られない。安全を考え、明日の研修は中止にしたい」という新潟県教育センターからの連絡であった。今年1月、同じ新潟の地に降り立った。空は晴れ渡り山にも平野にも雪は全くない。温暖な冬と喜んではいられない。どちらも異常気象の影響である。スキー場が悲鳴を上げているだけでなく、水の確保が心配されている。米どころ、酒どころとしては死活問題である。

　我が国は「災害大国」だとつくづく思う。地震、津波、台風、豪雨、豪雪等々、一年中どこかで災害が起き、その頻度や激しさが年々増している感がある。23ページの表1をご覧いただきたい。日本福祉大学の村川弘城氏に依頼し作成してもらった。日本の災害に目を向けると、最も多いのが嵐（主に台風）である。約半数を占める。地震、洪水、極端な温度と続く。世界で起きている各災害の陸地面積から算出した発生率が高いのは地震で、実に世界の16.4%を占める。世界ではマグニチュード4以上で登録している国や地域があるのに対して、日本はマグニチュード5以上の登録のため実際はもっと高い確率で地震が発生していると考えられる。極端な温度、嵐、火山活動も10%を超えており、改めて「災害大国」であることが浮き彫りにされた。

　自分の地域は大丈夫と安心しているわけにはいか

ない。仕事や旅行でいつどこでどんな災害に見舞われるか、予測がつかない。全ての学校が安全防災教育に取り組むことは必須である。

安全防災教育との関わりと学び

　安全防災教育との関わりは長い。大阪大学人間科学部助手時代の1983年5月26日に日本海中部地震が発生する。同僚の佐古秀一助手（現鳴門教育大学副学長）と東京に移動し、翌朝の羽田空港7時発で秋田入りを果たす。それから10日あまりで十数校の小中学校の訪問調査を行う。昼は実地調査を行い、夜はデータ整理を行う日々だった。その後、実地調査を基に児童生徒用及び学校用の質問紙を作成し、青森と秋田の2県で実施する。所属学部は文部省（当時）の科学研究費自然災害特別研究に関わっていたのである。

　筆者がカリキュラム開発や、その後のカリキュラム・マネジメントを専門としていく契機の一つはこの秋田での調査である。同じ秋田の地で共通の学習指導要領の下で教育活動を展開しているにもかかわらず、地震発生直後及び校庭への避難、下校のタイミングや対応の仕方、教職員の意識などに差異が見られた。避難訓練等の日頃の取組も大きく異なる。

学校（特に校舎の構造や強度、日ごろの安全対策など）や地域（地形や通学路の状況など）、子供（家族構成や共働きなど）の実状に関する正確な情報の把握が様々な判断を行う上で極めて重要である。安全防災教育に関して、まさにカリキュラム・マネジメントが求められている。

1984年９月14日の長野県西部地震でも、主に王滝村立王滝小中学校を複数回訪問し、取材を基に『地震、その時学校は』という教師教育用映像教材を制作している。これらの経験を生かし、1995年１月17日の阪神・淡路大震災後の神戸市教育委員会による防災教育のカリキュラム開発及び副読本開発、2011年３月11日の東日本大震災後の岩手県教育委員会による復興教育のカリキュラム・マネジメントに関わってきた。

表1　日本と世界の災害比較

世界では、洪水が最も多く、全災害の内44.3%を占めている。次いで、嵐（風による災害）が27.9%と多いことが分かる。

日本では、嵐（風による災害。台風を含む）が最も多く、その割合は52.8%と半数を超えている。次いで、地震が17.1%と多い。

「日本／世界」は、各災害の全世界発生数に対する国内発生数の割合を示したものである。地震は、全世界発生数の内、4.6%を占めていることが分かる。

日本語訳	世界		日本		比較	
	発生数	発生割合	発生数	発生割合	日本／世界	陸地面積対比
干ばつ	328	4.6	0	0.0	0.0	0.0
山火事	231	3.2	1	0.7	0.4	1.5
地震	544	7.6	25	17.1	4.6	16.4
マスムーブメント	13	0.2	0	0.0	0.0	0
火山活動	100	1.4	3	2.1	3.0	10.7
地すべり	369	5.1	3	2.1	0.8	2.9
洪水	3187	44.3	21	14.4	0.7	2.4
極端な温度	421	5.9	16	11.0	3.8	13.6
嵐	2007	27.9	77	52.7	3.8	13.7
溶岩流	1	0.0	0	0.0	0.0	0.0
計	7201		146		2.0	7.2

干ばつや、マスムーブメント（水を起因としない地滑り）は、国内では見られない。また、世界ではマグニチュード４以上でデータ登録されているものがあるが、国内では５以上のものしか登録されていない。

「陸地面積対比」は、総務省統計局（世界の統計2019）が示した、世界の陸地面積13,008,757（1,000ha）に占める日本の陸地面積36,456（1,000ha）の割合0.28%を元に、各災害の発生率が国土の割合と比べて何倍かを示したものである。地震が最も多く、16.4倍もの発生率であることが分かる。

本表は、災害疫学研究センター（The Center for Research on the Epidemiology of Disasters：CRED、所在地：ベルギー）が開設しているEM-DAT（Emergency Events Database）の2000年１月１日から2019年10月31日までのデータを基に日本福祉大学全学教育センター村川弘城氏が作成（参照・作成日2020年１月25日）

総合的な学習の時間における先進的な取組

安全や防災に関わる活動は、かつては特別活動の学校行事の一つとして避難訓練を中心に行われてきた。どちらかと言えば、学校の計画の下、教師主導で行われてきた。総合的な学習の時間が創設されてからは、子供たちによる主体的・協働的な問題解決学習として取り組まれている。

2002年２月の土曜日、高知市立大津小学校の５・６年生が地区の防災訓練に参画した。プールでのバ

ケツリレーや消火器を使った消火訓練、スモーク体験等を企画・実施した。筆者もスモーク体験を行ったが、そのときの恐怖は今でも忘れない。１センチ先が見えない中を手探りで進む。子供たちが紙粘土で模した細かな被災物に触れたときは足がすくんで動けない。実際は有毒ガスや火災の中を避難することになる。既に怪我を負っているかもしれない。このような実体験が極めて重要である。その後、子供たちは学習の成果を生かしパンフレット『大津を災害に強いまちにしたい』（A4判、16頁、2000部）を作成し配布する（写真１）。その内容の質の高さと正確さは豊富な情報収集と各教科で身に付けた知識や技能の活用の賜物である[1]。

2014年６月７日の高知新聞には高知市立潮江中

写真1

学校の取組が紹介されている。2年生約150人が職場体験学習と関連付け、お世話になった60の事業所で物資の備蓄や防災訓練について調査し、自分たちの学習成果を生かし、各事業所の防災意識の向上と防災対策の改善に一翼を担っている。

安全防災教育のカリキュラム・マネジメントに取り組んでいる学校は横浜市立北綱島小学校である[2]。地域との関わりを重視し、1年は「学援隊」、2年は「子ども110番」、3年は「早渕川」、4年は「消防団」、5年は「家族」、6年は「地域の防災リーダー」と、発達段階に応じて身近な地域や家族と共に安全防災に取り組んでいる。対象の輪が広がりながらも、それまでの対象との関わりが新たな学びに繋がり生かされている。

本誌Vol.9の兵庫県淡路市立志筑小5年の実践も同様である。4年での高齢者との関わりが生かされている。高齢者一人一人の実状を踏まえた避難マップの作成に繋がる。その後、それでも避難や救助を望まない高齢者の意識をどう変えていくかを子供が真剣に考える。教科間の横断的なつながりに止まらない、学年間の縦断的な繋がりが「深い学び」を引き出している。

新学習指導要領の総則の第2「教育課程の編成」の2「教科等横断的な視点に立った資質・能力の育成」の（2）において「豊かな人生の実現や災害等を乗り越えて次代の社会を形成することに向けた現代的な諸課題に対応して求められる資質・能力を、教科等横断的な視点で育成していく」と述べられている。東日本大震災の影響もあり、特に安全防災が強調されているが、多様な課題に対応できる資質・能力の育成が求められている。新学習指導要領では、現代的諸課題に関連する内容が各教科等の中に散りばめられている。これまでどおり総合的な学習の時間を核としながらも、各教科等の中でも意図的に取り扱っていきたい[3]。

避難所運営ゲームを総合的な学習の時間の中で

多くの被災者は学校へと足を向ける。教職員は否応にもその対応に当たることとなる。日本海中部地震や長野県西部地震、阪神・淡路大震災でその光景を幾度も目にしてきた。

避難所運営ゲーム（通称HUG）というものがある。元々は静岡県地震防災センターで開発されたものである。HUGを取り入れたワークショップ研修の詳細は『新教育課程ライブラリ』Vol.8で紹介している[4]。

HUGと同様のゲームとして「B72」（Bosai 72 hour：防災72時間）がある[5]。災害時の特に避難所における72時間を60倍速（場合に寄っては90倍速）で模擬体験するカードゲームである。2時間のゲーム時間内で2分に1枚カードを引き、そのカードに書かれた状況を基に、自分たちが何をすべきかを考える。カードの内容を自由にカスタマイズでき、自分たちが学んだことをその中に盛り込んだり、自分だけでは判断できないような問題を保護者や地域の人と共に問題解決に当たることも可能である。学校の教職員だけで、避難所運営を行うことは不可能である。地域の人や子供たちなど多くの力を頼るべきである。

HUGやB72を総合的な学習の時間の中で、時には保護者や地域の人も交えて行いたい。運営側だけでなく被災者側に立って考えることも重要である。

安全防災教育、次なるステージ

2019年12月1日から8日まで放映されたNHKス

ペシャル『体感 首都直下型地震ウイーク』をご覧になっただろうか。その中で、12月2日から4日間にわたって放映された『パラレル東京』は、12月2日午後4時4分に都心南部を震源とするM7.3・最大震度7の直下型地震が発生したという想定のドラマである。発生後4日間の様子を、VFX（CGや合成処理で実写映像を加工する技術）を駆使し、まるで本物のニュース番組を観るようなリアリティを体験することができた。テレビ局が舞台である。悲惨な被害状況が次々と飛び込んでくる。それを伝える若手キャスター倉石美香役の女優・小芝風花さんの迫真の演技がさらに緊迫感を引き出した。

地震発生当日、広域停電、同時多発大規模火災、ビル・家屋倒壊、土砂崩れによる脱線、群衆雪崩などの被害状況が次々伝えられる。2日目、さらに深刻さは増す。同時大規模火災は火災旋風を引き起こす。SNSによるデマによる避難民の将棋倒しも起きる。倒壊した建物への救助は手が回らない。3日目、4日目と悲惨な状況がますます明らかになってくる。

発生後4日間の体感以上にショックだったのは、発生1年後、10年後の日本の姿である。「終わりの見えない被災」（12月7日放送）では、様々な専門家により作成された「被災ツリー」（被害総数2100項目）が紹介された。被災ツリーの全容が入手できなかったので、連鎖の一部をNHKのHPからひも解く。「地震直後に発生した住宅やインフラ、経済・産業などの被害。そこから枝分かれして、被災の状況は、次々と連鎖していく。地震発生から1週間、1か月、1年と時間が経つにつれて、被害が繋がり、深刻化していく……」。最終的には「日本社会の危機」に繋がる。

「災害に耐える社会へ」（12月8日放送）では、災害後の被害を最小限に食い止めるための対策が協議される。共通した結論は「東京への一極集中の回避」である。東京が壊滅すれば日本は滅亡する。行政機関や企業の中枢をはじめ、あらゆるものが東京に集中していることへの半鐘である。

安全防災教育は災害時の被害を少しでも少なくすることを目指しているが、震災後の日本の行く末にも目を向けた取組にも今後期待したい。中・高等学校では可能だろう。環境問題や地球温暖化、エネルギーの確保、社会福祉など他の現代的諸課題との関連も深い。総合的な学習の時間が地方の活性化に少しでも寄与することで、国全体が豊かになり、真に災害に強い国家となっていくと考える。

総合的な学習の時間が学校教育のみならず現代社会及び未来社会に果たす使命は計り知れない。

[参考文献]

1　岡敬子（2002）「大津を災害に強い町にしたい！」村川雅弘編『子どもたちのプロジェクトS「総合的な学習」－8つの熱き挑戦！』NHK出版、pp.123-138

2　昆しのぶ（2018）「地域や保護者と連携した安全防災教育で実践する主体的・対話的で深い学び」村川雅弘編集『学力向上・授業改善・学校改革　カリマネ100の処方』教育開発研究所、pp.150-157

3　村川雅弘（2019）「現代的な諸課題に対応する資質・能力を育む教科横断的な学びの実現」文部科学省教育課程課『中等教育資料』No.994、pp.14-19

4　村川雅弘（2016）「実践！アクティブ・ラーニング研修［第8回］安心・安全のための防災・減災及び危機管理ワークショップ」『新教育課程ライブラリ』Vol.8、ぎょうせい、pp.74-77

5　村川弘城（2020）「学校防災教育カリキュラム・マネジメント充実のための支援の現状と課題」村川雅弘・吉冨芳正・田村知子・泰山裕編著『カリキュラム・マネジメント実現への戦略と実践』ぎょうせい（近刊）

Profile

むらかわ・まさひろ　鳴門教育大学大学院教授を経て、2017年4月より甲南女子大学教授。中央教育審議会中学校部会及び生活総合部会委員。著書は、『「カリマネ」で学校はここまで変わる！』（ぎょうせい）、『ワークショップ型教員研修 はじめの一歩』（教育開発研究所）など。

●防災

レジリエンスな持続可能な地域づくりの ための「逃げ地図」活用の防災教育

千葉大学大学院園芸学研究科教授 **木下 勇**

千葉大学大学院園芸学研究科 **寺田光成**

逃げ地図とは

「逃げ地図」とは、目標避難地点までの時間を色鉛筆で道路を基本に塗り分けた地図のこと[1]。最初は東日本大震災の後に津波災害から命を守るための最短な避難を考えるために考案された。

具体的には以下のように作成する（**図1**）。まず予想津波到達点より高い位置に道路が届く点など安全な緊急避難の場所を探す。そして選定した緊急避難場所から3分

作り方 3ステップ　① 「逃げられる場所」を探す　② 「逃げられる場所」から色をぬっていく　③ 話し合う

1 「逃げられる場所」を探す
黄色い等高線の上の逃げられる場所にシールをはります。
■シールのしゅるい
●青→安全なところ
●赤→急けいしゃ地を含むところ
●緑→新しい逃げ場

逃げ地図・完成図

2 「逃げられる場所」から色をぬっていく
②-1 「逃げられる場所」から道にそって、ひもをあてます
②-2 ひもにそって、緑色から順番にぬっていきます
色ぬりの順番：

②-3 色ぬりを終わったら、逃げる方向にそって矢印かきます

＊歩行者の歩行速度の設定について
おじいちゃん、おばあちゃんを想定して、歩行速度は43m/分と設定しました。

3 話し合う
逃げ地図を作るなかで、気づいたことや安全について考えたこと、グループのみんなと話し合いましょう。

話し合いが終わったら、グループでまとめシートを書きましょう！

図1　逃げ地図づくりの方法

間で動ける距離（高齢者が10度の傾斜を登るのに３分間で129mと割り出した標準距離）の革ひも（地図の縮尺に合わせて用意）をあてて緑色に塗る。全て塗り終わったら、次の３分間の距離を黄緑、そして次に黄色、さらにオレンジ、赤と道路を３分間のスリットで塗り分けていく。そうすると赤に塗られた道路は緊急避難場所まで12分から15分はかかるということが分かる。そのようにして、地図上に地域の道路が全て色のスリットで塗り分けられ、それぞれの場所から最も近い避難場所と避難にかかる時間が分かる。さらにそれぞれの道から一番近い避難場所への避難の方向を矢印で地図上に記していく。そうやって避難の地図が出来上がる。そのマニュアルは「逃げ地図ウェブ」サイト（http://nigechizu.com）に公開している。

最初は大手設計事務所の日建設計ボランティア部が東日本大震災後の支援で考案した。大規模建築の設計で最短の避難路を考える発想が基になっている。その後、明治大学の山本俊哉教授、そして筆者らが参加して、JST（国立研究開発法人科学技術振興機構）の研究プロジェクトの助成を受けて、津波のみならず土砂災害など多様な災害に対応し、子供からお年寄りまでの世代間のリスクコミュニケーションを促す方法として発展させてきた。逃げ地図というと逃げ道

が分かる地図と思いがちであるが、実は成果物よりも、これをつくる過程で、災害に対して弱いところ、不安なところが色々と話し出され、より安全に避難するにはどうしたらよいかと考え出す、そういうプロセスに大きな意味がある。

ここではその学校の総合的な学習ですすめてきた逃げ地図による防災教育を紹介する。

防災教育〜「逃げ地図」の前にすること

ここでは小学校高学年用の授業づくりを紹介する。だいたい地図が読めるようになるのは小学校３年生で扱ってからと思われる。ここでは小学校５、６年生対象の総合的な学習の時間を使った、１学期の間の10コマ程度を使う想定で考えた。

防災教育では地域が直面する災害を想定するとよい。地震が起こると、海岸部であれば津波、山間部であれば地滑り、豪雨と重なれば土砂崩れなどの土砂災害、そして河川氾濫による洪水、台風の突風、最近では竜巻の脅威までもある。自然災害以外に火事もある。たまたま風の強い日、地震などの自然災害的要素も含めて街を焼き尽くす大火となる恐れもある。そういう自分たちの住んでいるところの災害を子供たちから挙げても

らい、地域が面している災害の危険性を洗い出す作業から始めるとよい。

さて、そういう災害の洗い出しができたら、どのように備えていったらよいか、自分たちで考えてみるとよい。いろいろな考えが出てくるであろう。こういう類には何が正解かというものはない。できるだけ最善の方法を自ら考えるということが大事なのである。すると、自ずと（子供たちから）疑問が出てくるであろう。今までどんな災害が起きていたのか、どういう対策を行政はじめ地域の大人たちは立ててきたのか。

そこで役所の防災担当の方を呼んで、話をしてもらう。過去の災害の記録、そして「ハザードマップ」を紹介してもらう。そこには子供たちが話した地域の脅威の災害が取り上げられ、被害が及ぶ予測範囲の地域を色の網をかけて示してある。自分の家がそういうところにかかっているかどうか、友達の家も学校も親戚の家も、心配して見てみるといい。家や施設がかかっていなくても通学路やよく通る道なども見てみることだ。ハザードマップには避難場所、避難所が示されている。避難場所と避難所も名称が似ていて、世間では混同している場合があるので、子供たちとその違いについてもはっきりと分かるまで討議するといい。そして子供たちに、家に帰ったら

家族にハザードマップは家に置いてあるか、見たことはあるか、どういう災害のときはどう逃げるのか、過去に覚えている災害はどんなであったか、といったことを聞いてみるようにするとよい。

さて、ここまでが準備段階である。津波に限らず、どんな災害にも当てはまる。役所の方が過去の災害のことを話せないようだったら、誰か詳しい地元の方に話してもらうことを入れてもいい。また子供たちに調べ学習として、地域のお年寄りに話を聞いてきてもらう宿題を出してもいい。

逃げ地図づくりをいきなり始めてもよいが、このような準備の回を数回行うのは、関係者を巻き込むためである。行政を巻き込むのは、子供たちが考えたことで何か行政の施策に反映できるかもしれない、その方がより安全なまちづくりへつながるからである。保護者、地域を巻き込むのは、子供たちから大人の意識に刺激を与えるためである。準備はそのように実際の地域での防災力の向上に寄与するように考える。教育を将来の人材育成と考えがちであるが、防災教育は将来ではなく、今、いつ何時、災害が起こるか分からない状況の中に、どう生き延びるか、今を生きる教育であり、それは当然に学校の中だけで済む話ではないのである。

それゆえに、学校の教師は防災の専門家でもないので、行政、防災の専門家を学校に呼び、子供たちに話をしてもらうことを遠慮しないでどんどん行うとよい。できるなら協力者を地域で確保することが、教師たちの異動があっても継続性につながる。

東日本大震災で起こったことを思い出してほしい。釜石の奇跡と言われる事例では、子供たちの日ごろの防災教育が、子供の被害者の少なさに成果を上げたことのみならず、呑気に構えて避難に腰の重かった大人を子供が涙で訴えて避難に動かし命を救ったりした[2]。一方、石巻市の大川小学校のように大人の意思決定を待つ間に津波が押し寄せて、多くの命が失われた悲劇もあった。「つなみてんでんこ」と言われるように、避難、そして災害に対して生き残る強靭さを身に付ける必要があるのは大人も子供も同じことである。

逃げ地図のプログラム

逃げ地図の道路への色ぬり自体の作業は授業2コマぐらいで終わるであろう。それ自体でもいろいろな気付きがあり、意味あることである。しかし子供たちに深い学び、そしてその学びから感じ取る疑問に答えるように、地域社会、自分たちの住むまちの安全性向上

に寄与するなら、10コマ程度のプログラムがお薦めである。

表1は静岡県河津町の河津南小学校で、5、6年生対象に2015年の2学期の間に行った逃げ地図を使った防災教育のプログラムである。

1学期の間に、私たち外からの支援者と教師とで打ち合わせをしながらプログラムを作成した。2015年9月から11月にかけて小学校5、6年生79名の児童を対象に、計13コマ(コマ＝45分)の単元計画を作成した。児童は地区ごとの班に分かれ、体育館に島状に分かれて作業を行った。

プログラムは①「STEP1 予想する」、②「STEP2 逃げ地図の段階的作成」、③「STEP3 共有」に区分される。①は前項で記したようなことである。②が逃げ地図づくりである。ここでのポイントは逃げ地図づくりのときに、各地区から一人、二人、行政の防災担当者に出てもらい、逃げ地図づくりのときに子供たちから出る素朴な質問などを聞いてほしい。質問のみではなく、いわば時間と場所を共有する中で、子供の疑問から意識付けられることもある。なお、逃げ地図を作成した後に、現場を歩いて点検する会を地域住民と共に行うことである。それが子供の視点から気が付かないことの発見、意識付けにもなる。この小学校でも、橋の老朽化や土砂災害警戒区

表1　実施された防災教育カリキュラム

実施内容	STEP1. 予想する	STEP2. 見直す	STEP3. 共有する
	今ある生活知や資料等を活用し、どこに避難すれば安全でどこが危険かを予想し、話し合う。	・講義やワークから得られた情報を適宜地図に書き込み、これまで書いた情報を見直し、逃げ地図を更新する。	・他の班との意見交換を行う。 ・逃げ地図を活用して、他の学年や地域に情報発信をする。
実施日	2015/10/6	1. 10/22, 2. 11/9, 3. 11/12, 4. 11/18	12/05
時間数	2時間（45分1コマを1時間とする）	10時間	1時間
共同者	県職員、町会議員	県職員、地域住民、防災士	地域住民、防災士、県職員、町会議員
授業内容	・ワーク：「今津波が来たら自分ならどうするか避難場所とルート考える」 ・講座：「ハザードマップの読み方」 ・ワーク「班で安全そうな避難場所と危険な場所について話し合う」	1. フィールドワーク 2. フィールドワークの振り返り 2. 講義「地震と津波」 3. ワーク：「さらに深く考えよう。避難場所・ルートの再検討」 3. 講義「妖怪と考える防災のそなえ」 ※宿題ワークシート 「親・地域の人にインタビュー」 4. ワーク：「さらに深く考えよう。避難場所・ルート・危険箇所を見なおそう」	ワーク： ・「地図に避難時間を加え、気づいたことを報告しあう。」 【学校外活動】 ・地域で学習成果の発表 ・多世代で逃げ地図づくり
アンケート結果／コメントの一例	・「ほんとうに安全なのか行って確かめたい」 ・「自分の地区でどこがどう危ないかを調べたい」」	・「日頃考えてもいない危険があった」 ・「宿題のワークを通して、昔地域であった災害について知ることができた。」	・「大人の人たちの考えと自分たち子どもの考えを比べると全く違うことに驚きました。」
補助教材	・活動マニュアル	・ワークシート	

域を現場で点検して、安全性の疑問や、津波浸水域に避難所の公民館がある点、そして高台の避難場所のお寺は古く1000年前に開かれたところで、水が上がったことはないと知り、「安全な避難場所なのに、避難所と同じ備えがあってもいいのではないか」という子供の意見に大人も頷いていた。

③の共有化は子供たちが学んだことや提案を地域に投げかけることである。これは課外プログラム的に地域が主催した防災訓練を兼ねた逃げ地図づくりワークショップで、子供たちが大人をサポートして逃げ地図づくりを行った。

おわりに

　逃げ地図はリスクコミュニケーションの道具である。子供たちが逃げ地図をつくる過程において、地域の脆弱性に気付き、それに大人たちも巻き込みながら考えるところに意味がある。逃げ地図で発見した疑問は専門家、地域の大人に投げかけながら自分たちの住んでいるところの安全性向上への動きとなれば、子供たちも安心して住み続けられることになる。反対にそれら疑問を放りっぱなしで、子供たちにも諦め、無関心を強い

ることは決して防災教育にはならない。レジリエンス（強靱）な持続可能なまちづくりというSDGs11番目の目標に、逃げ地図から防災教育を展開することが災害の多い我が国での一つの有効な方策となるであろう。

[参考文献]
1　逃げ地図づくりプロジェクトチーム『災害から命を守る「逃げ地図」づくり』ぎょうせい、2019年
2　片田敏孝「小中学生の生存率99.8%は奇跡じゃない『想定外』を生き抜く力」2011年04月22日（Fri）http://wedge.ismedia.jp/articles/-/1312

●グローバル

総合的な学習の時間でグローバルな社会を生き抜くためのセンスを磨く

東京都西東京市立けやき小学校副校長 **三田大樹**

グローバルな社会を生き抜くためのセンス

　多様な考え方、文化をもつ人と一緒にいることで、「よりよいアイデアが生まれる」と考える子供と、「話がまとまらず問題が生じる」と考える子供とでは、当然、未来の青写真の描き方は変わってくる。エネルギー問題や難民問題など地球規模の問題が深刻化する中、前者のような感覚やセンスのもち主こそが求められている。国際理解をテーマとした総合的な学習の時間では、異なる文化や価値観をもつ人と関わったり、考えの違う人と協働創造したりすることへの子供のポジティブな感覚や態度を養いたい。そのためには、グローバルな社会を生き抜くセンスを磨くことができるように単元を構想することが肝要になる。

グローバルなセンスを磨く単元構想における留意点

（1）「多様性」の気付きから「共生」への深い理解につなげる

　単元を構想する際、まず、多様性の気付きから共生への深い理解につなげていくイメージをもつようにする。その上で、例えば、①子供がグローバルな視点と地域の視点の両方から迫ることができるようにすること。②文化や価値観の異なる人との関わりを重視する

こと。③子供にとって自分事となるための具体的な活動を設定すること。④子供自身が、自己の成長や学びの価値を振り返ることができるようにすること等に留意し、単元における具体的な学習活動を設定していく。

（2）グローバルな視点と地域の視点の両方から迫る

　国際理解をテーマとする単元では、グローバルな視点と実生活や実社会に基づく地域の視点の両方から幅広く情報を獲得できるよう

国際理解をテーマとした単元構想の留意点と実際の主な学習活動

「多様性」の気付き

□グローバルな視点と地域の視点から迫る課題設定や調査活動
□文化や価値観の異なる人やそれを支援する人とのかかわり
□自分事になるための具体的な活動
□自己の成長、学びの価値への振り返り

「共生」への深い理解と実践的な態度

第6学年　総合的な学習の時間
単元名「多文化共生への一歩！－ラップで心の距離を縮めよう－（全50時間）」
1　異なる文化を越えた共生やそこに暮らす人同士の関わりの実態を調べて問題点を見出そう。（14時間）
2　地域に住む様々な国の人々とのサミットを開催し、問題点の解決策を探ろう。（8時間）
3　異なる文化を越えた地域の共生に向けて、できることを決定しよう。（多文化共生をテーマとしたオリジナルラップの作成、交流会の開催）（8時間）
4　魅力的な交流会を協力して準備し、実行しよう。（14時間）
5　学習活動全体を振り返り、自己の成長や学びの価値、これからの生き方について作文で表現しよう。（6時間）

にする。例えば、グローバルな視点での情報収集では、インターネットや書籍、新聞等の情報に加え、国連関係者等の専門家を招聘して必要な情報を得ることができる。しかし、これだけでは、子供にとって切実感の伴う問題意識は生まれない。そこで、地域の視点で調査することが重要になる。例えば、地域で外国人を支援する人へのインタビュー、サポートセンターへの訪問、地域住民への街頭調査、地域に住む様々な国の外国人との意見交流会等を通した情報収集が考えられる。偏った見方や考え方は、限定的で閉鎖的な思考を生みがちになる。多様性や共生について幅広く情報を収集し、自分とのつながりの中で概念を形成できるような活動を演出したい。そのためにも、相手や目的に応じて質問できるように事前の準備を整えておくことも大切になる。

（3）文化や価値観の異なる人との関わりを重視する

外国人を支援する人や異なる文化をもつ外国人との直接的な交流は、子供にとってこれまでの見方や考え方に対して、大きなインパクトを与える。本事例では、地域に暮らす7か国の外国人との意見交流会を開催した。その中で、子供は、新たな発見をしたり、違いを認識したり、共通点を見出したりしていった。こうした人との関

わりの場面では、「何のために」「誰と」「どのように」「どの程度（回数や時間）」関わるのかを十分検討しておくことが重要になる。

（4）子供が自分事にするための具体的な活動を設定する

子供にとって魅力的で、実現可能で、地域の人も喜んでくれるものは何かを吟味し、子供自ら取り組めるようにする。自ら切実感をもって活動することで、「共生」を自分事として捉え、実践しようとする態度へとつなげていく。実際の活動における子供たちは、「自分たちのまちで異なる文化を越えた共生は実現するのか」という問題意識をもち、試行錯誤を繰り返した。何度も話合いを重ねながら、共生をテーマにしたラップによる表現活動や、異なる文化を越えて人々が交流できる魅力的なイベントの開催に向けて真剣に取り組んだ。魅力的なイベントの開催に向けた話合い後の児童Aの振り返りカードの記述からは、地域の外国人との意見交流会を踏まえて考えていることや、交流会の開催の理由について、共生の実現に有効か、実現可能かを結び付けて明らかにしていることが分かる。さらに、共生をテーマにしたラップの一部を共に創り出そうとしている。こうした児童Aの主体的で積極的な姿から、グローバルなテーマに自分事として取り組んでいることや、

異なる文化や価値観をもつ人との関わりに対するポジティブな感覚や態度が育っていると判断することができる。

> 【「魅力的なイベントの開催」に向けた話合い後の児童Aの振り返りカードの記述】
> 意見交流会では、どの国の方々もコミュニケーションの場があったら嬉しいと言っていた。交流会を開催することで自他の文化の違いや良さをお互いに知ることができるような内容にすれば有効だと思う。それから、私は、それぞれの文化を越えて何か一つ、融合したものを創り出すことが大切だと思う。例えば、私たちが今作っている多文化共生をテーマにしたラップの一部をその場で一緒に作って、みんなで歌うことができれば、あの時一緒に作ったという思い出が残ると思う。実現させるためにも、次は、みんなで当日までの計画を詳しく考えていきたい。

「頭で分かっている」に止まらない豊かな学びの実現

総合的な学習の時間では、「頭では分かっている」に止まらない豊かな子供の学びを実現することが重要である。国際理解をテーマとする単元においては、問題状況を多様で創造的なアイデアで乗り越える良さを味わわせたい。こうした経験が、相手をリスペクトし、相手の話を謙虚に聞く姿勢を身に付けることにもつながっていく。そのためには、自分らしく、あなたらしくていいんだという学級や学校風土が欠かせない。グローバルな社会を生き抜くセンスは私たち教師の学級づくりや学校経営にも求められている。

●ICT

「チャットボット」を用いて、自分たちのまちの魅力を発信しよう

京都市立紫野小学校教諭 **米谷誠介**

人工知能（AI）の定義——「チャットボット」とは

　人工知能（AI）は、技術水準が向上しつつあるだけでなく、既に様々な商品・サービスに組み込まれて利活用が始まっている。身近なところでは、インターネットの検索エンジンやスマートフォンの音声応答アプリケーションであるアメリカ・Apple社の「Siri」、Google社の音声検索や音声入力機能、各社の掃除ロボットなどが例として挙げられる。また、ソフトバンクロボティクス社の人型ロボット「Pepper（ペッパー）」のように、人工知能（AI）を搭載した人型ロボットも実用化されている。このように、人

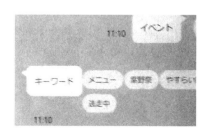

工知能（AI）は私たちの日常の身近な商品・サービスに組み込まれ始めており、多くの人が人工知能（AI）を一度は使用したことがあるという時代が到来している。そんな中、一般的に人工知能（AI）とはどのようなものと認識されているのだろうか。諸説あるが、本稿では、人工知能（AI）を「知的な機械、特に、知的なコンピュータプログラムを作る科学と技術」と定義する。

　人工知能（AI）に関連する技術の一つとして、「チャットボット」が存在する。「チャットボット」は「チャット」とロボットの略語である「ボット」が掛け合わされてできた造語である。「チャットボット」とは、例えば「このまちのおすすめスポットは？」というテキストや音声を入力すると、人工知能（AI）が「○○です」と自動的に回答するようなプログラムを意味する。※総務省『平成28年版　情報通信白書』（第2節　人工知能（AI）の現状と未来）を一部引用

「チャットボット」を用いた単元構想

●「見つけよう　伝えよう　わたしたちのまちの魅力」（35時間）

　なぜ、「チャットボット」を用いるのか。人は関心をもって、何かについて知ろうと思えば、きっとその何かについて質問をするだろう。その質問に対する答えが返ってくれば、新たに質問を重ねるだろう。質問内容を工夫すれば、その何かについて多面的・多角的に理解することにつながるであろう。そう考えると、自分たちの住むまちの魅力を見つめ直す際、Q＆A方式で整理・分析すれば、自分たちのまちに対する理解が深まり、愛着をもつことにもつながる。同時に、その魅力を伝える相手からのリクエスト内容を「見える化」することもできる。一方、相手が、自分たちのまちに初めて訪れた人ならば、まちに関する情報を検索

する機会が多いだろう。その際には、質問型の検索システムである「チャットボット」があれば、便利であろう。以上のような理由から、「チャットボット」を用いたプログラミングの体験を、探究的な学習の過程に適切に位置付けられるのではないか、と考えた。そして、自分たちの住むまちの魅力に関する課題を設定し、情報を収集し、Q＆A方式で整理・分析し、「チャットボット」を用いてプログラミング体験をしながらまとめ、表現するといった単元を構想した。なお、単元構想の詳細については、「未来の学びコンソーシアム」のウェブサイト［https://mirapro.miraino-manabi.jp/lp_line.html#modal-lp］もご参照いただきたい。

単元を構想する上で留意したことは、①「体験」を生かす単元にすること、②「探究」的な学びを生かす単元にすること、③「実践」的な学びを生かす単元にすることの三つである。

第一に、自分たちの住むまちの中で、子供たち自身が、本当に魅力的だと感じられる「もの・こと・人」に「であう」ことである。そのためには、「昔ながらの商店街を歩く」「伝統的な行事に参加する」「まちづくりの活動を進める人の話を聴く」などの「体験」を通して、子供たちのまちに対する思いや願いを高めることが大切だと考える。

第二に、「チャットボット」を用いて、自分たちの住むまちの魅力を初めてまちを訪れる人に伝えるために、「もの・こと・人」をどんな順序で並べ、どう分岐させ、どう反復していくのか（繰り返していくのか）、よりよい方法を「探究」していくことである。例えば、「○○のまちのおすすめは？」という質問に対して、「△△」「□□」「◇◇」という答えを返す。「△△」を選んだ人に対しては、関連する写真を提示したり、

ウェブサイトを紹介したりする。「△△」を選んだ人にも、「□□」や「◇◇」も選んでもらいたい。だから、写真を見た後に、もう一度「△△」「□□」「◇◇」という答えの部分に戻ってもらうようにする。こうした方法を見つけ出すために、何度も試行錯誤しながらプログラミングすることが大切だと考える。

第三に、子供たちがまちに出て、自分たちがプログラミングした「チャットボット」を観光客などに実際に体験してもらい、その感想を聴くとともに、自分たちのまちに関する意見を聴く機会をもつことである。また、実際に「チャットボット」を利活用する企業の関係者をゲストティーチャーとして招くことも有効である。こうした学習活動を取り入れることは「実践」的であり、社会に開かれた教育課程の実現にもつながるので大切だと考える。

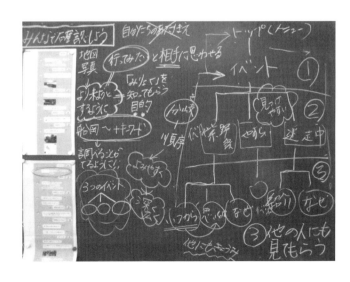

教育課程上における総合的な学習の独自な貢献の可能性

上智大学教授
奈須正裕

総合的な学習を巡る現状認識

　創設から20年、全国の心ある教師と学校のたゆまぬ努力の賜物として、総合的な学習は輝かしい成果を上げてきた。だからこそ、新学習指導要領は資質・能力を基盤とした学力論を採用し、学校の教育課程編成において教科等横断的な視点が要請され、伝統的な教科にも「日本史探究」といった探究を冠する科目や「理数探究」のような複数の教科を横断して探究を展開する科目が新設され、さらにすべての教科等において探究的な学習がごく普通に推し進められることになったのである。これらの改革はすべて、総合的な学習が先んじて取り組み、具体的な子供の姿やカリキュラムの在り方を通してその意義と可能性を示してきたことが正当に評価されたからこそ実現した。

　と同時にこの事実は皮肉にも、今後においてはもはや上記の特質が総合的な学習ならではの独自なアドバンテージとは見なされないことを告げてもいる。さまざまな汎用的認知スキルや非認知的能力を育んでいるから、複数の教科等との間で「知の総合化」を実現しているから、子供たちが探究的に学んでいるから総合的な学習は有用であり必要であるという説明では、多くの人は納得しない時代がもうすぐ到来する。

教科等の枠を越えて活用していく場面

　特定の教科等が教育課程上に一定の時数を確保する根拠としてもっとも説得力があるのは、その教科等に固有な内容（content）ないしは資質・能力（competencies）の存在の主張であろう。伝統的な教科は常に、これだけの内容を教えなければならないから、これだけの時数が必要だと訴えてきた。新学習指導要領では、さらに内容を通して実現を目指す資質・能力についても各教科なりの充実が図られた。それらは従来、総合的な学習がもっぱら育成を担ってきたものと、ある程度まで重複する。

　このような状況下で、総合的な学習が教育課程上において果たし得る独自な貢献の第一は「各教科等で育まれた力を、当該教科等における文脈以外の、実社会の様々な場面で活用できる汎用的な能力に更に育てたり、教科等横断的に育む資質・能力の育成につなげたりしていくため」に「学んだことを、教科等の枠を越えて活用していく場面」（2016年12月21日　中央教育審議会答申32頁）としての位置付けであろう。

　もっとも、このような場面としては、総合的な学習と並んで「特別活動、高等学校の専門学科における課題研究」さらには「各教科等間の内容事項につ

いて相互の関連付けを行う全体計画の作成」（同上）が挙げられており、教科等横断的な教育課程が本格的に編成されるようになった暁には、総合的な学習は必須とは見なされないかもしれない。

生活の教育としての固有な内容の樹立

　総合的な学習の独自な貢献の第二は、保守的と映るかもしれないが、やはり固有な内容の樹立であろう。「それでは教科と同じではないか」と言われそうだが、歴史的に見ても、いわゆる総合学習は固有な内容を担ってきた。総合学習はルソー、ペスタロッチ、フレーベル、デューイという系譜に属する学びの領域であり、その内容的な固有性は「生活」の教育という点にある。自分たちが考えるよりよい生活を、多様な他者との協働の中で粘り強く創造していける資質・能力の育成を目指し、それに必要十分な学習経験を意図的・計画的・組織的に提供するのである。

　これは、伝統的な教科が科学・学問・芸術といった「文化遺産」を基盤に構成されてきたのと対照的であり、相互補完的でもある。

　従来の教科でいう内容に相当するものを、総合的な学習では探究課題と呼んでいる。探究課題は各学校において定めるが、その枠組みや候補は例示という形で示されてきた。どのような生活をよりよいと考えるかは、最終的には生活創造の主体である子供が決定すべきだが、教師なり学校が投げかけることはあっていいし、それなしには子供たちも「這い回る」だろう。学習指導要領の例示も、そのためになされている。

　さらには、新学習指導要領前文における「持続可能な社会の創り手」、OECDが掲げる「包摂的で持続可能な未来（inclusive and sustainable future）の創造」といった理念も大いに尊重し、参考にしていきたい。

　このように考えるとき、今後において新たに、あるいは引き続き力を入れていく主題なり領域として、地域創生、SDGs（持続可能な開発目標）、STEAM（Science, Technology, Engineering, Art and Mathematics）の三つが浮かび上がってくるように、私には思える。

　このうち、地域創生とSDGsは、仮にそのような呼び方はしてこなかったにせよ、すでに多くの学校で活発に取組がなされ、応分の成果も上がってきている。それを今後は、地域創生、SDGsという理解なり位置付けで整理して実践していってはどうかと思うのである。

　STEAMも、いわゆる「ものづくり」教育の延長線上に位置付けることが可能である。例えば、信州において伊那小と並ぶ総合学習の老舗である長野県諏訪市立高島小学校では、諏訪市が独自に展開する「相手意識に立つものづくり科」と総合的な学習を関連付けて実践・研究を進めており、相乗的とも言える効果を挙げている。理由は明快で、生活の創造において「ものづくり」は根源的にして本質的な営みだからであろう。

　加えて、STEAMはどうしても産業主義的になりがちで、悪くすればエリーティズムに陥る危険性をも伴う。これを適切に回避し、さらに創造的な展開を果たしていく上で、地域創生やSDGsとの関連ないしは融合を図ることが極めて重要であり有効でもあると、私は考える。

Profile

なす・まさひろ　1961年徳島県生まれ。東京学芸大学大学院、東京大学大学院修了。神奈川大学助教授、国立教育研究所室長、立教大学教授などを経て現職。中央教育審議会初等中等教育分科会教育課程部会委員。主著書に『子どもと創る授業』『教科の本質から迫るコンピテンシー・ベイスの授業づくり』『「資質・能力」と学びのメカニズム』など。

実務から教養まで。新教育課程に向けて、今なにをすべきかがわかる待望のシリーズ！

スクールリーダーのための12のメソッド

学校教育・実践ライブラリ

A4判、本文100頁（巻頭カラー4頁・本文2色／1色刷り）

ぎょうせい／編

各巻定価（本体1,350円＋税）各巻送料215円
セット定価（本体16,200円＋税）送料サービス

2019年4月より
毎月下旬発行
全12巻

現場感覚で多彩な情報を発信

日々の学校づくり・授業づくりをみがく理論と実践のシリーズ

最重要課題を深く掘り下げる　各月特集テーマ

❶（4 月配本）**学校の教育目標を考えてみよう** 〜学校目標から学級目標まで〜

❷（5 月配本）**評価と指導** 〜全面実施直前・各教科等の取組課題〜

❸（6 月配本）**これからの通知表のあり方・作り方を考える**

❹（7 月配本）**働き方で学校を変える** 〜やりがいをつくる職場づくり〜

❺（8 月配本）**校内研修を変えよう**

❻（9 月配本）**先進事例にみるこれからの授業づくり** 〜「見方・考え方」を踏まえた単元・指導案〜

❼（10 月配本）**思考ツールの生かし方・取組み方** 〜授業を「アクティブ」にする方法〜

❽（11 月配本）**気にしたい子供への指導と支援** 〜外国につながる子・障害のある子・不登校の子の心をひらく〜

❾（12 月配本）**特別活動のアクティブ・ラーニング**

❿（1 月配本）**新課程の学校経営計画はこうつくる**

⓫（2 月配本）**総合的な学習のこれからを考える**

⓬（3 月配本）**次代を見据えた学校教育の論点**

＊送料は 2019 年9月時点の料金です。

●本書の特長●

① "みんなで創る"
授業づくり、学校づくり、子供理解、保護者対応、働き方……。
全国の現場の声から、ともに教育課題を考えるフォーラム型誌面。

② "実務に役立つ"
評価の文例、校長講話、学級経営、単元づくりなど、現場の「困った！」に応える、
分かりやすい・取り組みやすい方策や実例を提案。

③ "教養が身に付く"
単元とは、ユニバーサルデザインとは、など実践の土台となる基礎知識から、
著名人のエッセイまで、教養コーナーも充実。実践はもちろん教養・癒しも、この1冊でカバー。

●充実の連載ラインナップ●

創る
create
- ●田村学の新課程往来【田村　学〈國學院大學教授〉】
- ●学びを起こす授業研究【村川雅弘〈甲南女子大学教授〉】
- ●講座　単元を創る【齊藤一弥〈島根県立大学教授〉】　ほか

つながる
connect
- ●UD思考で支援の扉を開く　私の支援者手帳から【小栗正幸〈特別支援教育ネット代表〉】
- ●学び手を育てる対話力【石井順治〈東海国語教育を学ぶ会顧問〉】
- ●ユーモア詩でつづる学級歳時記【増田修治〈白梅学園大学教授〉】　ほか

知る
knowledge
- ●解決！ ライブラちゃんのこれって常識？ 学校のあれこれ
- ●本の森・知恵の泉【飯田　稔〈千葉経済大学短期大学部名誉教授〉】
- ●リーダーから始めよう！ 元気な職場をつくるためのメンタルケア入門【奥田弘美〈精神科医・産業医〉】

ハイタッチな
時空間を味わう
- ●[カラー・フォトエッセイ] Hands〜手から始まる物語〜【関　健作〈フリーフォトグラファー〉】
- ●[エッセイ] 離島に恋して！【鯨本あつこ〈NPO法人離島経済新聞社統括編集長〉】
- ●[校長エッセイ] 私の一品〈各地の校長によるリレーエッセイ〉

●全国の先生方の声を毎月お届け●

ワンテーマ・フォーラム──現場で考えるこれからの教育

旬のテーマについて毎回、4〜5名の教職員が意見や想いを寄稿。
他校の取組のリアルや、各地の仲間の生の声が日々の実践を勇気づけます。

テーマ例

- ・今年頑張りたいこと、今年のうちにやっておきたいこと（4月配本）
- ・地域を生かす学校づくり・授業づくり（6月配本）
- ・外国語（活動）──うまみと泣きどころ（7月配本）
- ・子どもの感性にふれるとき（10月配本）

●お問い合わせ・お申し込み先
㈱ぎょうせい
〒136-8575 東京都江東区新木場1-18-11
TEL：0120-953-431／FAX：0120-953-495
URL：https://shop.gyosei.jp

大人にも訴えかける
「いじめ撲滅」の啓発書
『こども六法』

 ## この本が生まれるまで

1993年生まれの著者は、小学生のころはいじめの被害者。中学生時代は一転していじめの加害者。

慶應義塾大学に進んでからは、学部2年次より「法教育を通じたいじめの問題解決」をテーマに学習・研究を開始。3年次に研究奨励金を受給して法教育教材『こども六法』を作成。それが基礎となり本書は誕生した。

著者は、教育研究者で修士（社会学。一橋大学）、写真家、俳優、実業家である人。そして、法と教育学会正会員である。

その人を援けて本書出版に尽力した334名の出資者と、7名の監修役の法学者・法務関係者。加えて8名の弁護士も総合監修に加わる。法律の条文や用語を、子どもが理解できるように表現するのは大変であったろう。

 ## 子ども向けに法律を並べる

7章構成の本書は「第1章　刑法」に始まる。「刑法はやぶったら国から罰を受けるルール」「法律を知らないことは言い訳にはできないよ」などの説明と条文の解説。続いて「第2章　刑事訴訟法」、「第3章　少年法」では「子どもだからといって謝るだけでは許されない」「少年院では教育のために生活の自由を制限されるよ」等を述べ、少年法の（必要な）条文をわかりやすく示す。そして、「第4章　民法」で第1条第1項「個人の権利を主張するときは、他

の人たちに迷惑をかけたり、他の人たちの権利を侵害してはなりません」で、わかりやすい説明が始まり、「第5章　民事訴訟法」がこれに続く。

第6章が「日本国憲法」。「みんな幸せになる権利がある」（第13条）、「みんなと違っていてもいい」（第19条）など、実例・具体例から語りかける。続く第7章が「いじめ防止対策推進法」である。子どもに関係のある法律をピックアップしたのが本書。

「法律は、わたしたちの自由で安心な生活を守るもの」「法律は、みんなの安心で安全な生活を守るために決められたルール」と、子どもに向けて著者は「まえがき」に書く。

法律用語を、子どもにわかるようにしたためだろう、完全な正確さより、わかりやすさ優先の表現もあることに注意しよう。しかし、子どもの生活を守るため、学校図書館に常備したい本だ。

日本社会は、いじめ問題、児童虐待、性的搾取の問題状況をかかえている。これに対処しようとする本書。苦しい思いをしている子が、SOSを発信することをめざし、そのSOSに根拠をもたせている。SOSを受けた大人は、問題解決のため動くことが必要である。

それには、本書に目を通すこと。学校図書館に常備するだけでなく、教師の読みが求められる。

 ## いじめ防止対策基本法

この法律について、本書は次のように詳解し説明する。「大人にはいじめから子どもを救い、いじめをなくす義務がある！」で、第1、2、3、4条を解

『こども六法』
山崎聡一郎　著
弘文堂

いいだ・みのる　昭和8年東京・小石川生まれ。千葉大学で教育学を、法政大学で法律学を学ぶ。千葉大学教育学部附属小学校に28年間勤務。同校副校長を経て浦安市立浦安小学校長。62年4月より千葉経済大学短期大学部に勤務し教授、初等教育学科長を歴任。この間千葉大学、放送大学講師（いずれも非常勤）を務める。主著に『職員室の経営学』（ぎょうせい）、『知っておきたい教育法規』（光文書院）、『教師のちょっとしたマナーと常識』（学陽書房）、『伸びる芽育つ子』（明治図書）ほか共著・編著多数。

千葉経済大学短期大学部
名誉教授
飯田　稔

説。第4条（いじめの禁止）「子どもたちは、いじめをしてはいけません」と、子どもに向けての明示がある。「大人たちみんなでいじめを防ぐ！」の項で第8、9、13、19条を解説し、保護者の責務、学校いじめの防止方針、インターネット等を通じて行われるいじめに対する対策の推進等を定める。「先生たちはチームでいじめに対応するよ」の項で、第22、28、34条について説明。学校におけるいじめの防止等の対策のための組織、いじめに対する措置、学校の設置者またはその設置する学校による対処、学校評価における留意事項を定める。

　「いじめで悩んでいるきみに」の項では、いじめ立証のために㋐壊されたもの、汚されたものを保管しておこう、㋑怪我をしたとき、体調が悪いときは病院へ行こう、㋒友だちとのやりとりを保管しておこう、㋓日記をつけよう、㋔注意すること、の5項をアドバイスしている。

　これらについて、指導・助言・対処が必要とされることは当然のことである。いじめや虐待について、対応の手落ちや不適切な対応をなくすようチームとしての活動を心がけよう。

　多くの書店の店頭で、本書が山積みされていることを見かける。それだけ、子どもと保護者に、いじめや虐待についての関心が高まっているのだろう。いじめの被害者にも加害者にもなってはいけないからだ。

　ところで、教師が本書にどれほど関心をもっているか。知人の教師20人ほどに、本書を知っているかを尋ねてみたところ、残念ながら「知っている」と答えてくれた人は3名。「忙しいから」「書店に寄る

時間もないので」では、答えになるまい。

　子どものことを、最もよく承知しているつもりになっていて、実は子どものことをわかろうとしないでいるのではないかと気がかりである。

ストレスに対抗する心の力をつける
その④「ワークライフバランスを整えよう」

精神科医（精神保健指定医）・
産業医（労働衛生コンサルタント）
奥田弘美

　ストレスに対抗するための心の力をアップするヒントをシリーズでご紹介しています。

　今回はワークライフバランスについて考えてみたいと思います。

　ワークライフバランスという言葉をよく耳にします。ワークライフバランスとは、「仕事と生活の調和」と訳されます。働くすべての方々が、「仕事」と育児や介護、趣味や学習、休養、地域活動といった「仕事以外の生活」との調和をとり、その両方を充実させる働き方・生き方のことを指します（政府広報オンラインより抜粋）。

　しかし仕事もプライベートもバランスよくと言われても、具体的なやり方がわかりにくいという声をよく聞きます。筆者はワークライフバランスを、「6項目の生活のバランス」として考えることをお勧めしています。実は、心の体力がある人というのは、この「6項目の生活バランス」をとても上手にとっている人が多いのです。では、早速あなたの「6項目の生活のバランス度」をチェックしてみましょう。

　次の6つの項目別に、あなたの感じる満足度（または充実度）を10点満点が最高、0点が最低として、自己採点してください。すべて自分の直感で採点していきます。

1．仕事は満足しているかどうか？
　現在の自分の仕事の内容や充実感、環境、人間関係などを含めて総合的に判断してください。
→あなたの満足度（　）点
2．経済状態は、概ね安定しているか？
　自分の経済面での状態を考えます。夢は億万長者という人もいるとは思いますが、現実的な視点での収入面、支出面、貯蓄状況などの満足度を総合的に判断して考えてください。
→あなたの満足度（　）点
3．健康状態は良好か？
　心身両面からの健康状態を考えます。自分の現在の心と体の状態の健康状態にて、ご判断ください。
→あなたの満足度（　）点
4．家庭生活、家族との関係は良好か

　家庭生活の満足度を評価してください。家族とのコミュニケーションや繋がりが良い状態でしょうか？　家庭内での人間関係の満足度で判断してください。独身の方は、自分の親や兄弟との関係を考えてみましょう。
→あなたの満足度（　）点
5．仕事以外の友人や仲間との関係は充実してるか？
　仕事仲間、仕事関係者以外の他人との人間関係が、どのくらい満足できているかということで、判断します。友人、地域コミュニティ等での人間関係で判断ください。
→あなたの満足度（　）点
6．自分自身のためのプライベートな楽しみをもっているか？
　自分の趣味や余暇、勉強、リラクゼーションに、どれぐらい満足感や充実感を感じているかで、判断します。
→あなたの満足度（　）点

●生活バランスの6角形を作成しよう

　採点が終わると、次は、生活バランスの6角形を作成していきましょう。図1「生活バランスの6角形」をご覧ください。例にならって、先ほどの感覚の満足度を、それぞれの項目別に円の中心から伸びるスケール上に、プロットしていってください。そして、それらの点を結ぶと、6角形があらわれてきます。

　この6角形が、バランスのとれた大きな形であればあるほど、仕事やプライベートのバランスがとれていると判断できます。

　もし、どこかが突出して、どこかが凹みすぎているような、いびつな6角形になった人は、要注意です。または、どの項目も5点以下の小さな6角形になった人も同じく注意が必要です。ワークライフバランスがうまくとれていない可能性があります。

●6角形のバランスは、心のエネルギー源のバランス

　6角形の形がいびつであるということは、人生の満足感や充実感を得ているエネルギー源が少ないということを表しています。つまり、ある項目にばかり、満足度や充実度が偏った生活は、その項目に生

●おくだ・ひろみ　平成4年山口大学医学部卒業。都内クリニックでの診療および18か所の企業での産業医業務を通じて老若男女の心身のケアに携わっている。著書には『自分の体をお世話しよう〜子どもと育てるセルフケアの心〜』（ぎょうせい）、『1分間どこでもマインドフルネス』（日本能率協会マネジメントセンター）など多数。

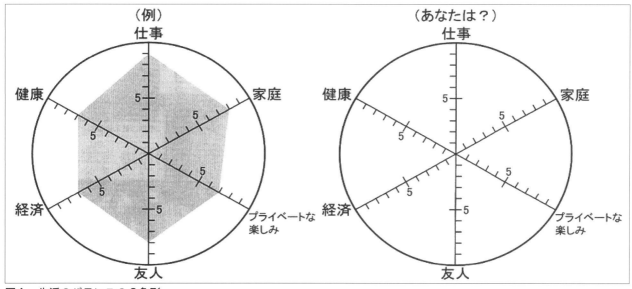

図1　生活のバランスの6角形

きがいを始めとする人生のエネルギー源を依存しすぎているということを示唆しています。もしその項目に何かストレスやトラブルが生じてしまうと、心にエネルギーが十分に入ってこなくなる恐れがあるのです。

また6項目すべてが5点以下で小さな6角形しか描けなかった人は、心のエネルギー源が乏しく、すでに心がエネルギー切れになりかかっている可能性があります。

逆に大きくできるだけバランスのとれた6角形が描けている場合は、心に充実感や満足感を得ているエネルギー源が複数あるため、もし一つのエネルギー源が機能しなくなっても、他の項目からエネルギーを補充してもらうことができます。例えば仕事で一時期ストレスが高まってしまい満足度が下がってしまったとしても、家族や友人関係、または趣味などの分野からエネルギーを補充してもらうことができるのです。

●ワークライフバランスを改善しよう

この「生活のバランスの6角形」をヒントにして、あなたの生活バランスを、早速今日から、改善していきましょう。

まず、自分が描いた6角形をじっくり見つめ、満足度や充実度が低い項目を、少しでも点数を上げるために何ができるか考えましょう。

「まずは1点、点数を上げるにはどうしたらいいのか」と考え具体化していくのがコツです。例えば家庭生活の満足度が低い方は、ちょっと家族とのコミュニケーションを増やしてみる。経済的な満足度が低い方は、とりあえず給料から5000円の天引き貯金をはじめてみる。仕事の満足度が低い方は、何が問題になっているか具体的に書きだしてみて、改善できる項目から手をつけてみる。そんな小さな行動が積もり積もって、大きなワークライフバランスの改善に結びついていきます。

教師のイメージ力

教師の「イメージ力」

「子供が生き生きする授業を実現したい」

「子供の成長が実感できる授業をしてみたい」

このように考えるのは、教師であれば誰もが同じであろう。教師の喜びは子供の成長やその姿にあり、それは日々の授業の積み重ねによって実現される。そうした授業を実現できる力を身に付けることが、多くの教師の願いであることは間違いない。

では、どのような力があればそうした授業が実現できるのだろうか。私は、「イメージ力」こそが優れた授業を実現する重要な教師力であると考える。

全ての教師が授業のイメージをもち、それを目指して実践の準備を整える。単元を構想し、授業展開を考えながら学習指導案を作成していく。このときに、それぞれの教師のもっているイメージがクリアであればあるほど、その実践に迫りやすいことは言うまでもない。霧に包まれたような、ぼんやりとした授業を目指しても、それは難しい。自分のクラスの子供一人一人が、本気になって学習活動に没頭する姿を具体的に思い浮かべることができる授業イメージであれば、その実現可能性は飛躍的に高まる。

この「イメージ力」は、生まれながらに備わっているものではなく、日々の精進と努力によって確実に高めることができる教師力であり、具体的には次の点を心がけることが欠かせない。

自ら授業を実践し、多くの人に参観してもらう、多くの優れた授業実践を参観する、日々の授業実践について語り合う。つまり、授業を「行う、見る、語る」ことを繰り返す中で、一人一人の教師の「イメージ力」は確実に向上していく。

このことは、どの教科においても同様ではあるものの、とりわけ生活科や総合的な学習の時間で重要になる。生活科や総合的な学習の時間では、学校や地域で扱う学習対象や素材が変わり、単元構成も一時間ごとの授業も各学校で異なる。このことが好ましい独自性を生み出しているものの、実践する側としては授業づくりの難しさにもつながっている。だからこそ、一人一人の教師の「イメージ力」を高め、各学校や地域の特色に応じた自分の学級に相応しい生活科の授業づくりを実現することが大切になる。

二つの「イメージ力」

実際に授業づくりを確かなものにしていくためには、二つの「イメージ力」が必要となる。

○単元のイメージ力

○授業のイメージ力

この二つのイメージを鮮明にすることにより、単位時間の授業が確かなものになる。ここからは、生活科を例に考えていくこととする。

単元をイメージする際には、図1を参考にしたい。生活科では、学習活動が質的に高まっていくことを期待する。しかし、ただ単に活動や体験を繰り返していれば高まっていくわけではない。そこで、話し合いや交流、伝え合いや発表などの表現活動が、単元に適切に位置付けられる。この体験活動と表現活動のインタラクション（相互作用）が学習活動を質的に高めていく。例えば、1回目の町探検に行き、

たむら・まなぶ　1962年新潟県生まれ。新潟大学卒業。上越市立大手町小学校、上越教育大学附属小学校で生活科・総合的な学習の時間を実践、カリキュラム研究に取り組む。2005年4月より文部科学省へ転じ生活科・総合的な学習の時間担当の教科調査官、15年より視学官、17年より現職。主著書に『思考ツールの授業』（小学館）、『授業を磨く』（東洋館）、『平成29年改訂 小学校教育課程実践講座　総合的な学習の時間』（ぎょうせい）など。

田村　学
國學院大學教授

そのことを教室で発表し合いながら情報交換する。すると、子供は「僕の知らないことがいっぱいあるんだなあ。また、町探検にいきたいな」と、2回目の町探検が始まる。2回目の町探検の後、教室で地図を使って町のすてき発見を紹介し合っていると「僕たちの町って、すて

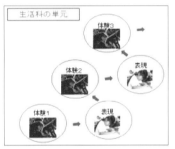

図1

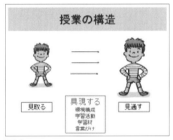

図2

きな人がいっぱいいるんだな。もっと、お話が聞きたいな」と、インタビュー探検が始まる。このように、生活科では、体験活動と表現活動とが相互に繰り返しながら、学習活動の質的な高まりが実現されていく。

　授業をイメージする際には、図2を参考にしたい。およそ全ての授業では、子供に何らかの変容を期待する。それは、関心や意欲の高まりであったり、真剣に考え何かに気付くことであったりする。そのような授業を実現するためには、まず、子供の姿を確かに捉える「見取る」ことが必要であり、その姿がどのように変容することを期待しているのかを示す「見通す」ことが欠かせない。この両者を結び付けるところに「具現する」45分の授業が存在し、そこで教師が様々な取組をすることになる。つまり、入り口の「見取る」と出口の「見通す」がなければ、「具

現する」を考え、イメージすることは難しい。

具現する学習活動のイメージ

　生活科では、子供が充実した活動や体験をするとともに、そのことで生まれる気付きが大切である。この気付きが質的に高まることによって、学習活動は一層充実したものへと高まっていく。学習環境の構成や学習活動の設定などで生活科の授業を「具現する」ときには、この気付きの質を高める以下の四つを意識することが考えられる。
　　○振り返りや表現する学習活動
　　○伝え合いや交流する学習活動
　　○試行錯誤や繰り返す学習活動
　　○多様性を生かした学習活動
　実際に体験活動を行う際には、単発の体験ではなく没頭して何度も挑戦できるような体験活動を行うことが大切である。また、一人一人の思いや願いが実現される多様性を十分に保障し、そのことを生かし高めることを大切にしたい。この体験活動を生かし、確かな学習活動へと高めていくためにも、発表や交流、話し合いや伝え合いなどの表現活動を行うことが大切になる。つまり、この表現活動を行うことで自らの行為や体験を意味付けたり価値付けたりしていくことができる。また、無自覚な気付きを自覚したり個別の気付きを関連付けたりして気付きの質を高めることにつなげていくことができる。こうした「具現する」学習活動を具体的に用意することによって、単元も、授業も、より確かに、豊かにイメージできるものと考える。

言葉と仕事に向き合う

東京学芸大学准教授
末松裕基

前回は言葉や読書について考えましたが、今回はさらに言葉と仕事にどう向き合うかを考えてみたいと思います。

学校経営は簡単な仕事ではありませんので、できるだけ効率的に、要領よく仕事をしたいと思うのは当然のことです。

ですが、簡単ではない仕事ゆえに、しぶとくそのあり方を丁寧に考えていく必要がありますし、仕事に向き合う上では修行とも言えるような鍛錬も欠かせません。

◆ 仕事を邪魔してくれる要素

作家の多和田葉子さんは、言葉を専門にして仕事をしています。日本語にとどまらず、ドイツ語でも小説を書いており、とてもおもしろい言葉との向き合い方をしています。

彼女は自らの言葉と仕事との向き合い方を論じた著書のなかで、とても考えさせられる問題提起をしています。普段の自らの仕事の環境を振り返るなかで、彼女は次のように述べています。

「絵の具や紙や筆は、単なる道具として芸術に貢献してきたわけでなく、芸術家の思いのままになってたまるかと反抗しながら芸術史をともにつくってきた、と考えると、コンピュータの『物』としての頑固さ、不器用さ、欠点などを上手く取り入れなければ、どんなに便利でもコン

ピュータは道具としての役割を果たさないことになる。」(多和田葉子『言葉と歩く日記』2013年、岩波書店、19頁)

つまり、仕事をするうえでは、便利さがかえって、仕事の質を下げたり、深みのないものにしたりする可能性があるということです。端的に言うと、手段であるはずのものが、目的化してしまうということです。

同じような指摘は、小説家の西村賢太さんによってもなされています（「底翳の眼」『群像』2020年2月号、講談社）。

彼も言葉を仕事としているのですが、いまだに原稿は手書きにこだわっているそうです。そのため、漢字の変換をパソコンが行ってくれるわけではないので、はたから見ると尋常ではないくらい自分は辞書を引いていると思うと述べています。パソコンだと自動化される変換を意図的に排除することで、言葉に真摯に向き合い、結果的に彼の独特の文体が生まれているのだと思います。

先ほどの多和田さんの話に戻ると、彼女の知人で絵を描く職業をしている人が、仕事でパソコンを使い始めたそうです。その知人が言うには、パソコンを使い始めたことで、「色を補ったり筆を洗ったり鉛筆を削ったりする必要がなくなったので、一息ついたり、一歩立ち止まったりすることがなくなり疲れる」そうです。

「コンピュータは休みなく人間の注意力をひきつ

●すえまつ・ひろき　専門は学校経営学。日本の学校経営改革、スクールリーダー育成をイギリスとの比較から研究している。編著書に『現代の学校を読み解く─学校の現在地と教育の未来』（春風社、2016）、『教育経営論』（学文社、2017）、共編著書に『未来をつかむ学級経営─学級のリアル・ロマン・キボウ』（学文社、2016）等。

け、エネルギーを吸い取り続ける。友達がくだらない用で電話してきたりすると、仕事を中断しなければならないのでとても嬉しい」と言うそうです。

多和田さんはこのような知人のエピソードに触れながら、次のように論じます。

「つまり、仕事にとって重要なのは、仕事を邪魔してくれる要素だということになる。

わたしがこの日記を鉛筆で書くことにしたのも、鉛筆を削る時間が懐かしくなったからかもしれない。芯の柔らかい鉛筆が好きなので、削ってばかりいる。ドイツ製の鉛筆削りを使うこともあるし、レトロショップで買った日本製のボンナイフを使うこともある。」

わたしもこの連載原稿はできるだけ手書きで原稿用紙に書くようにしています。ただ毎回は難しいこともあるので、その場合でも、パソコンソフトの設定を、いまでは慣れない縦書きの原稿用紙の設定にして使ったりしています（慣れないですし、横書きと違ってうまく変換がなされなかったり面倒ですし、提出する際には横書きにし直すのでひと手間かかりますが）。そして、もちろんのこと、何度もプリントアウトをして、朱を入れて推敲をし、何度も書き直して打ち直して仕上げていきます。

◆言葉のなかに育つ

前回も取り上げた詩人の長田弘さんは次のように述べます。

「人間が言葉をつくるのではありません。言葉のなかに生まれて、言葉のなかに育ってゆくのが、人間です。……人間は言葉のなかに生まれてきて、言葉によって育ってゆくのだということに、

みずからよくよく思いをひそめないと、人間はとんでもない勘違いをすることがすくなくありません。そのことに自覚的でないと誤るのです。物はゆたかになり、生活はゆたかになり、暮らしぶりも落ち着いてきて、ずいぶん不自由もなくなった。にもかかわらず、たった一つ、今の日本でゆたかでないものがあります。……言葉です。言葉がゆたかではありません。……言葉は平等なものだけれども、人と人を違えるのも言葉です。言葉をゆたかにできる人と乏しくしてしまう人とを、言葉は違えるからです。」（『読書からはじまる』日本放送出版協会、2001年、67-68頁）

長田さんは亡くなりましたが、重たい言葉です。その言葉はずっと生きています。私たちに刻まれます。

最近、（電子辞書やインターネットではなく）辞書を手にしましたか。辞書はラテン語で「言葉の本」を意味します。つまり、知らない言葉を「引く」ためだけのものではなく、知っていると思っている言葉でも何度も何度も辞書で「読む」のです。そして、辞書にも人格があります。いくつかの辞書を手元に置いて、読み比べることも大切です（複数の人と話した方がおもしろく豊かですよね）。日本語で「辞書を引く」という表現がそもそも問題のある文化を表していますが、英語だと"consult a dictionary"（辞書と相談する）と訳します。みなさん普段、言葉を専門とする者として辞書と相談していますか。先日、ある古本屋の店員さんと店の奥にある見慣れない文学辞典についてしゃべっていると「これは座右の書です」とおっしゃっていました。いい表現だなと思いました。辞書について興味をもった方は『辞書になった男』（佐々木健一著、文春文庫、2016年）もオススメです。

指導主事の確保・育成

●本稿のめあて●
法令上、教育委員会に配置が義務付けられている指導主事について考えていきます。指導主事は、学校現場にとっては頼もしい存在であるとともに、その職務を、多くの指導主事は遣り甲斐のあるものと考えてきました。ところが、現在、指導主事に魅力を感じない教員が多くなっており、また、指導主事の力量不足に困惑している学校現場からの声が聞こえてきます。今回は、その指導主事の選考・任用上の課題についてみていきます。

これまで、新任教員の育成、学校におけるOJTによる人材育成や学校管理職の確保・育成についてみてきました。今回は、指導主事に焦点を当てて、その人材確保と育成について考えていきます。昨今、多くの自治体において、指導主事のなり手がいない、指導主事の力量が従前とくらべて劣っているなどの声を聞きます。指導主事は教育委員会の看板を背負って各学校に対する指導・助言をする上で、極めて重要な職務を有しています。学校にとっても、指導主事の高い専門性に期待をしているわけです。

指導主事とは

そもそも、指導主事の配置の根拠は、地方教育行政の組織及び運営に関する法律第18条で規定されています。そこでは、都道府県及び市町村の教育委員会事務局に置くとされていますが、その職務内容等は同法第18条の第3項と4項で規定されています。第3項では、「指導主事は、上司の命を受け、学校における教育課程、学習指導その他学校教育に関する専門的事項の指導に関する事務に従事する」とし、第4項では、「指導主事は、教育に関し識見を有し、かつ、学校における教育課程、学習指導その他学校教育に関する専門的事項について教養と経験がある者でなければならない。指導主事は、大学以外の公立学校の教員をもって充てることができる」としています。

つまり、指導主事は学校に対して教育全般に関する指導助言を行うこととなっており、このことから、学校教育に関する教養と経験を有している者としているわけです。なお、公立学校の教員をもって充てるとは、現場をよく知っているものでなければその職務は務まらないことからの規定と考えられます。言い換えれば、指導主事は「先生の先生」と言っても過言ではありません。

筆者自身は、当時の校長の勧めがあり、平成元年度に東京都の指導主事選考（高校・英語）を受け、翌平成2年度から東京都教育庁の高等学校教育指導課の指導主事となりました。高等学校の英語という種別で指導主事になったのですが、法律に規定されているような職務が待ち受けていました。多くの日々は、自分が受け持つ学校に対して、教育課程、学習指導、生徒指導や進路指導等の指導助言を行うため、直接、学校現場に赴き、校長、教頭との協議や各分掌の先生方との間の研究協議において、都教育委員会の考え方に基づき指導・助言をすることとなりました。当時の課長からは、「指導主事は教育行商人だ」と言われており、教育委員会と学校とのパイプ役の重責を実感していました。また、在庁のときは、課内業務の遂行や他課の行政職の方々との間で行政施策の立案の検討や資料作成、また、月2回開催される定例の教育委員会用の資料作成や年4回開催される都議会定例会等に関しての資料作成・答弁書の作成などがあり、教員から事務職に「トラバーユ」したような気分となりました。

指導主事選考

法律で規定されている指導主事ではありますが、その選考方法・任用方法などは、各自治体に任されています。ある県では、指導主事選考を実施して、求

たかの・けいぞう　昭和29年新潟県生まれ。東京都立京橋高校教諭、東京都教育庁指導部高等学校教育指導課長、都立飛鳥高等学校長、東京都教育庁指導部長、東京都教育監・東京都教職員研修センター所長を歴任。平成27年から明海大学教授（教職課程担当）、平成28年度から現職、平成30年より明海大学外国語学部長、明海大学教職課程センター長、明海大学地域学校教育センター長を兼ねる。「不登校に関する調査研究協力者会議」委員、「教職課程コアカリキュラムの在り方に関する検討会議」委員、「中央教育審議会教員養成部会」委員（以上、文部科学省）を歴任。

明海大学副学長
高野敬三

める水準に達した教員を指導主事に充てています。東京都の場合は、平成12年度に、それまでの教頭選考と指導主事選考とを一本化して、「教育管理職選考」としたことはすでに紹介したところです。他方、こうした指導主事選考を実施せず、教員の異動の一環として教育委員会の指導主事に充てる、いわゆる「一本釣り」をしている場合もあります。筆者が調べた限りでは、この後者の場合が圧倒的に多くありました。

指導主事選考・任用上の課題

選考を実施するといっても、多くの自治体では、その応募者が例年少なくて課題となっています。その理由は、指導主事の職務が激務であること、さらには、職責に見合った処遇がなされていないことにあるとされています。東京都は平成11年度までは、校種・教科等別に指導主事の需要数に見合う合格予定者数を示し、指導主事選考を実施していました。このころまでは、多くの教科で10倍を超える倍率があり選抜は適切に機能していました。「教育管理職選考」に一本化し４、５年は良かったのですが、その後、倍率が下がり、現在では、校種によっては２倍を切っており選抜機能を果たせない危機的状況が続いています。こうしたことから、任用されている指導主事の資質能力を問題にする学校からの評価はおのずと低くなっています。

(1) 課題の解決方策①

低倍率が任用される指導主事の資質能力の低下に少なからず影響を与え、学校からの評価が下がると

いう悪循環に陥っている状況を解決するには、まずは選考方法の見直しです。選考に当たっては、やはり、候補者の教科専門性をまず第一にみるべきです。卓越した教科専門性のある指導主事の指導助言については、現場の教員は従うものです。次にみるべきは、学級経営、生徒指導や進路指導の実績です。こうした教科外の専門性のある指導主事からの指導助言は学校経営にも役立てることができます。やはり、学校現場のプロ教師は、自己の専門性が生かされるならば、違う立場で、多くの教員に指導助言を行うことに魅力を感じるものです。

(2) 課題の解決方策②

学校現場から充てられる指導主事は、実は教員の身分のままです。教育行政と学校とのパイプ役で、教育委員会の看板を背負って職務を遂行するのですが、管理職ではありません。指導主事選考を実施する自治体では、指導主事が学校現場に出るときは、教頭等管理職に任用していますが、教員異動の一環として指導主事に充てられた者は、学校現場に戻るときは、教諭のままと聞きます。管理職手当も付かないし、教職調整手当の４％が付いているので、教育委員会で勤務する他の事務職とは異なり超過勤務手当は付きません。指導主事の勤務時間は、かつて「7-11（セブンイレブン）」と言われていましたが、今では、多様な教育課題に対する要請から、「7-12（セブントゥエレブン）」の状況ではないのでしょうか。給与等の面、そして、学校現場に戻るときの職層等の処遇の改善について、本腰を挙げて教育委員会は乗り出すべきです。

思いは見えないけれど、思いやりは誰にでも見える～東日本大震災に思いを寄せて～

福岡県筑紫野市立原田小学校長　**手島宏樹**

修了式を迎えました。

今日の修了式にあたり、一つお話をします。

最後まで静かに聴いてください。

それは、東日本大震災のときの出来事です。

東日本大震災は、今から9年前に起きた大地震です。

津波が押し寄せ、車や家が流されている光景が校長先生の心の中にしっかりとよみがえってきます。

その日の出来事です。

3月11日の金曜日、大震災当日、ディズニーランドは多くの家族連れでにぎわっていました。

午後2時46分。地震が発生しました。

交通機関は全て麻痺し、家に帰れなくなったお客さんがたくさんディズニーランドに取り残されました。

お客さんは、どうしたらよいのか途方に暮れていました。

「怖いよ」と泣き続ける子どもを抱いたお母さんがいました。

その場に座り込んで、動くことができないおばあさんがいました。

そんなお客さんのことを思って、ディズニーランドが、その人たちのために、夕食代わりにお菓子を配ったそうです。

すると、列に並んでいた一人の女子高校生が、必要以上にお菓子を持って行ってしまいました。

「若いのに」「一人なのに」「何でそんなにたくさんのお菓子を……」

周りの人たちは、何か言いたげな顔をしています。

ところが、その女子高校生は、小さい子どもを抱えて列に並べない人たちや動けないでいる老人の方に駆け寄り、そのお菓子を配って回ったそうです。

皆さんは、このお話を聞いてどう思いますか。

校長先生は、東日本大震災後に、テレビのCMでよく流れていた言葉を思い出します。

それは、「思いは見えないけれど、思いやりは誰にでも見える」という言葉です。

「思いやり」とは、どんな状況でも、困っている人がいたら助けずにはいられない行動力です。

その女子高校生は、小さな子どもを抱いて列に入れずにいる人や、年をとって動くことができない高齢者の姿に気がつき、周りの方に何か言われるかもしれない、不満げな顔をされるかもしれないと分かっているのに、たくさんのお菓子をもらい、配ったのです。

これが、「思いやり」だと、校長先生は思います。

「思いは見えないけれど、思いやりは誰にでも見える」

この言葉を、卒業を前にした皆さんにおくります。

中学校に進んで、困っているお友達や悩んでいるお友達に出会ったときには、あるいは地域や社会で困っている人に出会ったときには、この女子高校生のように「思いやり」の行動を起こしてほしいと強く思っています。

そして、いつまでも、「思いやり」の行動ができる、「やさしい原田っ子」でいてほしいと願っています。

【講話のねらいとポイント】

3月11日、津波に流される家や車。テレビを通して流されたあのときの光景は誰の目にも鮮明に映り、信じられないという感情に包まれたことと思います。2011年の東日本大震災から9年の歳月が流れました。

その後も熊本地震や西日本豪雨など数多くの災害が各地で起こっています。その復興に向けて多くのボランティアや心ある方が支援をしている報道に数多く出合ってきました。平成は災害の時代だったと口にする方も多くあります。これからの令和の時代も予測困難な災害が起こるかもしれません。地域復興のためには、人の力が必要です。中学校に進んでも思いやりの行動をしてほしいという思いから、卒業を明日に控えた修了式の日に、6年生の子どもたちに話をしました。

【3月の学校経営】

3月に入り、卒業式の式辞の作成・見直しをされているころだと思います。私も、本年3月で退職を迎えることになり、最後の卒業生となる6年生に思いを寄せ、式辞を作成しているところです。

本校では、本年度、卒業する6年生に「算数の基礎・基本を確実に身に付けさせて中学校に進学させよう」という先生方の願いから、毎週水・木曜日の6校時、全教職員で6年生の算数の指導に当たる少人数学習に取り組む予定です。使用するテキストは、中学校から配られる問題集と地元の福岡教育事務所が配布した「小学校卒業診断テスト」です。その問題集をもとに、6年生164名をいくつかのグループに分け、1グループ2人程度の先生方で指導にあたります。

本校は、算数の基礎・基本が活用問題よりも低いという全国学力・学習状況調査の結果より、文部科学省の研究指定校事業を受け、本年度と来年度の2年間で学力向上の取組を進めています。「予習を位置付けた学習指導」「活用問題の開発と実施」を手立てとして取り組んでいます。成果はまだまだですが、原田小を卒業する6年生にはしっかりとした算数の基礎・基本を身に付けさせ中学校に進学してほしいという教職員の強い想いをもとに進めてまいりたいと思っています。

3月の学校経営で大切なことをもう一つ。それは、小中学校間の引継ぎです。特に困り感の強い子どもが、安心して中学校へ進学できるように、小学校と中学校、そして可能であれば保護者も交えての引継ぎがなされることが大事だと思います。本校では、一人一人の子どもを大事にした小中学校間の引継ぎが行われています。

Hooray!

~わたしの GOOD ニュース~

撮影：福地菊一（福地写

タレント

毒蝮三太夫

　昨年は令和という新しい時代を迎えましたね。私にとって、嬉しかったことと言えば、昨年の10月、私のラジオ番組『毒蝮三太夫のミュージックプレゼント』が満50年を迎えたことでしょうね。ただ、私自身はこれほど長く続くなんて思ってもみなかったですし、気がつけば、半世紀なのです。周りの人たちが祝福してくれるので、そうか、そんなにすごいことなのかなと思うくらいです。50年と言えば、確かに長い年月です。会社を勤め上げても、せいぜい45年でしょうからね。まぁ職人の方はもっと上手がいるでしょうがね。

　この50年、さらにもっと遡って振り返ってみると、今の私が、こうしてがんばっていられるのは、すべて人との出会いなんですよ。両親やカミさんをはじめ、数えきれない人のおかげで今の私があるわけです。なかでも、特に私の人生を大きく変えてくれた3人との出会いはとてもありがたいものでした。

　一人は、私に俳優としての指針を示してくれた、名優・小林桂樹さんです。私たちの結婚式で仲人もしていただいた人です。演技のこと、酒の飲み方……、まだ若造だった私にあらゆることを教えてくれました。

　二人目は立川談志です。まだ学生時代の二十歳で出会った親友です。『毒蝮三太夫』の名付け親ですし、彼が私の特性を見出してくれたのです。俳優だった私に「おまえはセリフを言ってるより、素の喋りの方がずっと面白ぇぇよ」と言って、私を演芸の世界へ引きずり込んだ奴ですよ。でも結果的に今の私があるのは彼のおかげです。

すべての人との出会いに感謝！

～『ミュージックプレゼント』50周年を迎えて～

街頭中継番組を続けて、市井のいろんな人たちと出会い、「ジジイババア」だの「このくたばりぞこない」だの毒を吐き続けて、老境に差し掛かろうというころに、三人目の人に出会うわけです。

聖路加国際病院の名誉院長だった日野原重明先生です。あんなに偉い先生からのお声がけで、あるイベントの審査員を務めることになったんです。周りはお歴々ばかり。「何で私を選んだのですか」と聞きましたよ。そうしたら「マムシさんは、言葉でお年寄りを元気にしている名医です」とおっしゃってくださったんです。日野原先生にはいい年の取り方をするためのヒントをいっぱい教えていただきました。年を重ねれば重ねるほど、みずみずしくチャーミングで笑顔を忘れないようにすることが大切だということです。自分もそうでありたいし、ラジオの中継に来てくれる年寄りにも、それを説いていこうと強く心に決めました。

このように、考えてみれば、いつも私は誰かに見出してもらって人生を送ってきた気がします。自分から積極的にアタックしたのは、カミさんくらいです（笑）。人生はどこに転機があって、何が功を奏するかわかりませんね。だから私はそのことに感謝して、まだまだ元気で恩返しをしていくことが使命なのかなと思っています。番組の50周年は嬉しいですが、その機会に自分の来し方を振り返り、行く末を考える機会をもてたことが、この1年での一番の喜びかもしれません。

●Profile●

昭和11年生まれ。品川生まれの浅草育ち。12才のときに、舞台『鐘の鳴る丘』でデビュー。41年『ウルトラマン』、42年『ウルトラセブン』の隊員役で一躍人気者に。44年TBSラジオ『ミュージックプレゼント』のパーソナリティーに。現在51年目に突入。NHK Eテレ『ハートネットTV』の「介護百人一首」の司会でもお馴染み。芸名は日本テレビ『笑点』出演中に立川談志さんの助言によるもの。

全面実施まであとわずか！

新学習指導要領を「実践」につなぐ
授業づくりの必備シリーズ

平成29年改訂
小学校教育課程実践講座
全14巻

A5判・各巻220頁程度・本文2色刷り

各巻定価　（本体 1,800 円＋税）　各巻送料 300 円
セット定価（本体 25,200 円＋税）　セット送料サービス

【巻構成】
● 総　則　　● 国　語　　● 社　会　　● 算　数
● 理　科　　● 生　活　　● 音　楽　　● 図画工作
● 家　庭　　● 体　育　　● 外国語活動・外国語
● 特別の教科 道徳　　● 総合的な学習の時間
● 特別活動

平成29年改訂
中学校教育課程実践講座
全13巻

A5判・各巻220頁程度・本文2色刷り

各巻定価　（本体 1,800 円＋税）　各巻送料 300 円
セット定価（本体 23,400 円＋税）　セット送料サービス

【巻構成】
● 総　則　　● 国　語　　● 社　会　　● 数　学
● 理　科　　● 音　楽　　● 美　術　　● 保健体育
● 技術・家庭　● 外国語　　● 特別の教科 道徳
● 総合的な学習の時間　　● 特別活動

ここがポイント！

□ **信頼・充実の執筆陣！**　教科教育をリードする研究者や気鋭の実践者、改訂に関わった中央教育審議会の教科部会委員、学校管理職、指導主事ら充実のメンバーによる確かな内容です。

□ **読みやすさ・使いやすさを追求！**　「本文2色刷り」の明るく読みやすい紙面デザインを採用。要所に配した「Q＆A」では、知りたい内容に即アプローチしていただけます。

□ **授業事例や指導案を重点的に！**　「資質・能力の育成」や「主体的・対話的で深い学び」を授業の中でどう実現させるか？　実践に直結する授業事例や指導案を豊富に紹介します。

平成29年改訂
小学校教育課程実践講座
総合的な学習の時間

國學院大學教授 **田村 学**【編著】

A5判・224頁・本文2色刷り　　定価（本体1,800円＋税）送料300円

目次

第1章　学習指導要領改訂の背景と目標
第1節　現行学習指導要領の成果と課題
第2節　総合的な学習の時間の目標の改善

第2章　各学校における総合的な学習の時間の目標と内容―カリキュラム・デザインとマネジメント―
第1節　各学校における総合的な学習の時間の目標
第2節　総合的な学習で取り扱う探究課題
第3節　総合的な学習の時間のカリキュラム・デザイン―全体計画と年間指導計画―

第4節　総合的な学習の時間の充実のための条件整備

第3章　「主体的・対話的で深い学び」を実現する学習活動―総合的な学習の時間のアクティブ・ラーニング―
第1節　資質・能力の育成と探究課題の設定
第2節　学ぶプロセスを充実させる単元づくり
第3節　問いと思考を生み出す授業づくり
第4節　資質・能力を見取る評価の視点

第4章　事例：新教育課程を生かす学習活動
事例1　とべまちSMILE防災隊.
事例2　生き物も大岡っ子も親しめる中庭をつくろう！
事例3　えがお広がれ！とべまちポスター
事例4　豊かな体験を通してまちに生きる人とつながる深い学び
事例5　主体的に探究する子供の姿を目指した総合的な学習の時間の在り方
事例6　「弘明寺のまちの魅力を伝えたい！6の2ジオラマップ」の実践に見る深い学び
事例7　北海道新幹線開通！ようこそ青森へ
事例8　将来の自分の生活や生き方を考える根拠の一つに「プログラミング体験」を位置付ける

第5章　目指す子供の姿と指導の視点
第1節　汎用的な能力を育む教科等間・学校段階間のつながり
第2節　子供と社会をつなぐ「社会に開かれた教育課程」

資　料　小学校学習指導要領〔総合的な学習の時間〕
（平成29年3月告示）

ここに注目！

●「主体的・対話的で深い学び」「見方・考え方」「資質・能力」
Q&Aで新学習指導要領の疑問が解ける・理解が深まる！
●探究課題，指導計画，学習の流れなど，実践例を豊富に収録
日々の授業研究，授業づくりに即お役立ち！
●カリキュラム・マネジメントの中心としての役割，探究プロセスの深化
社会とつながる「総合」の実践のヒントが満載！

平成29年改訂
中学校教育課程実践講座
総合的な学習の時間

國學院大學教授 **田村 学**【編著】

A5判・224頁・本文2色刷り　　定価（本体1,800円＋税）送料300円

小学14巻、中学13巻、全て好評発売中!!
担当教科と「総則」をセットで揃えて頂くのがオススメです!!

【ご注文・お問い合わせ先】
㈱ぎょうせい

フリーコール　0120-953-431　［平日9〜17時］
フリーFAX　　0120-953-495　［24時間受付］
Webサイト　　https://shop.gyosei.jp　［オンライン販売］

現場で考えるこれからの教育

■今月のテーマ■

研修での出会い・学び

研修は、企業、各種団体などその内容とともに幅広く取り組まれてきました。

その多くは、組織の仕事内容の理解と職能的な成長を図るものでしょう。

しかし、教師の研修は、実はそれらとは一味違うものです。

教育公務員特例法の第21条には、

「教育公務員は、（略）絶えず研究と修養に努めなければならない」と記されています。

教師にとっての研修とは、まさに研究者として、実践者として、その成長を期待されているのです。

今月は、「研修での出会い・学び」をテーマに、教師としての自己成長を図る取組について語ってもらいます。

■ご登壇者■

福岡市立志賀中学校長	知念　透	先生
徳島県東みよし町立足代小学校副校長	中川　斉史	先生
石川県珠洲市立直小学校研究主任	小町　成美	先生
広島県福山市立川口小学校教諭	山名　智美	先生
甲南女子大学教授	村川　雅弘	先生

全国の仲間で作ったカリマネ

福岡市立志賀中学校長 **知念 透**

　4月に新たな学校に着任したとき、まずは情報収集に全力をあげる。十分な情報がなければ学校改善は一歩も進まない。1年間で学校力を高め、生徒に質の高い教育を行うため、前任の学校長や職員から話を聞き、学力標準テスト、生徒や保護者からとった学校独自のアンケート等から少しでも情報を得ようと現状分析と課題の洗い出しに時間を費やす。学校経営案を職員に提案するのはいつも時間との闘いだ。

　課題解決をするためには、課題の背景やこれまでの取組状況等多くの情報を収集し、丁寧に解決までのプロセスをR-PDCAサイクルに載せ、全職員で実践方法や内容を確認し、いつ、どの場面で、誰が、何をどう進めるかについて役割分担を明確にしなければ、十分な解決につながらないことが多い。また、課題解決した取組を学校に根付かせるには、他の教育活動と関連付けてカリキュラムマネジメントしていくことが大切である。

　PDCAサイクルを用いた課題解決の手法は多くの学校で用いられている。私がこの考えを使い始めたのは、平成21年度、今の（独）教職員支援機構主催のカリキュラムマネジメント研修の参加に遡る。研修最後の演習では、カリキュラムマネジメント・モデル図（大阪教育大学・田村知子教授作成）を活用し、班ごとに所属する1校を選び、課題の現状分析や改善策について仲間と知恵を絞り合いながら、研修で得た手法を駆使しモデル図を完成させ、最終的に勤務校の職員に説明するプレゼンテーションを作成した。研修後帰校してすぐに作成したモデル図を、プレゼンテーションを使い説明したところ、職員は目を輝かせた。具体的な役割分担をした上で取組を実践すると、ことごとくアクションプランが成功し多くの成果を残せたことが今でも思い出される。

　研修講師を務めた田村知子教授は、「カリキュラムマネジメントは、実践であるが、その前に『考え方』でもある。方法の背景には理念や理論がある。その理念や理論を踏まえず、方法や実践事例のみに注目すると、異なる条件下では、実践化が不可能なように思えてしまう。形骸化も懸念される」と記している。学校にはその学校特有の文化があり、学校を支える環境や風土、生徒の実態、家庭や地域の協力体制などが違えば、過去に勤務した学校で成功した実践事例も同じような成果や効果を生むとは限らない。

　PDCAサイクルを用いた課題解決方法は、自校を十分理解し、その学校風土にあった解決方法や内容について全職員で検討し、職員が一体感をもちながら実践や評価を互いに取り組める点で優れている。

　本校では、令和3年度から全面実施される学習指導要領を控え、今年度新規事業を含めた九つの取組を進めている。校長や教頭がリーダーシップをとることは大事であるが、主幹教諭や指導教諭、主任主事等のミドルリーダーや各係長が連携しアクションプランを作り、職員相互の理解を深めながらそれぞれの持ち味を生かし、学校と保護者・地域をつなぐカリキュラムマネジメントを進めていきたい。

つまみ食いこそが、視野を広げる原動力

徳島県東みよし町立足代小学校副校長 **中川斉史**

　少々乱暴なタイトルになってしまったが、今日も学校には、数多くの研修会、研究会、セミナー、シンポジウムなどの案内が届いている。近年は年がら年中、多くの研修の機会がある。教員人口が減る一方で、これらの機会はますます増えているという、よい時代なのか、悪い時代なのか？

　私は、特に自分が研究対象とする内容の研修会等には、積極的に参加してきた。しかし最近は、少々飽きてきたというわけではないが、これまでの専門分野と異なる研修会にも興味をもつようになった。

　なぜかというと、自分の専門分野の視点をもって、他分野の研究や話を聞かせてもらうと、これまでの自分の知見とのつながりを模索するようになることが面白いと感じるようになってきたからだ。他分野には、自分の専門的知識が通用しない常識があったり、ベクトルの違う話を自分の物差しで見る限界を感じたりする。それを苦痛と感じるか、あえて魅力と感じるかである。

　特に管理職になってからは、自分の専門分野だけでは話が完結しないことが多くなる。専門分野のみでの勝負ではなく、それプラス他の広い分野のことをふまえて判断するということが求められるものである。そして何より、ちがう分野の方々との出会いが、自分の問題解決の応援団となることがよくある。

　そういう経験をしてからは、新たな出会いと人とのつながりを求めて、浅く広く研修の機会を活かすようにしている。そしてその結果、学校での様々な活動を魅力化するための人財ネットワークを構築することができているように思う。

　私自身は情報教育に関する研究を、生涯のテーマとしてこれまでやってきたが、最近では、それ以外に中小企業診断士の方や、地域おこし協力隊、妖怪の研究家、世界農業遺産の農家など、おおよそこれまでの自分の研究仲間とは異なる分野の方とのつながりが生まれ、さらに自分の専門分野とのコラボが実現していくという好循環が始まっている。そして、自分に何か困ったことが起こったとき、何らかの形で解決を手伝ってくれるのではないかと、不思議に安心している自分がいる。

　これまでの自分の研修をふり返ってみて、
① 人とちがう分野のリサーチを、人より先に行う
② ここぞという人をピンポイントで見つけ、積極的にアプローチする

というスタンスをとってきた。その結果、一般的な教員よりは、多くの他分野の人脈をもつことができ、管理職になってからさらに、それらを活かす機会も増えているように思う。

　ある有名な大学教授は、自分のベースとなる継続研究の上に、数年ごとに新しい興味を加え、より広く、新たな深い実践へと発展させている。まさに数多くの研修の機会が散らばっている現代こそ、つまみ食いも大事ではないかと思う。

研修での学びを生かす

石川県珠洲市立直小学校研究主任 **小町成美**

　今までたくさんの研修に参加する機会をいただいてきました。その中から、研修で学んだことを勤務校の校内研修で生かしたことを一つご紹介します。

　私が「SWOT分析」と出合ったのは10年経験者研修でした。この研修の目的は「教員としてのキャリアの振り返りを通して、自己のキャリアアンカーを探索し、自己成長面のマネジメント力を高める。また、個々の教職員の考え方や視野を広げ、学校組織の一員として、主体的に判断し、教育活動を担う力を高める」というものです。その研修で「学校におけるSWOT分析」の演習・協議が行われました。それまで、授業研究や学級づくり、児童会活動に重きをおいていた私でしたが、これからはもっと学校の内外に目を向けていくことが大切なのだ、そして私も学校をつくる一員なのだと実感した研修でした。

　「SWOT分析」は勤務校を内と外から客観的に見て、Strength（内部環境の強み）、Weakness（内部環境の弱み）、Opportunity（外部環境の支援的要因）、Threat（外部環境の阻害的要因）に分類して分析するものです。でもこのように勤務校を捉えたことがなかった私は、この4項目について分析シートにあまり書き込めませんでした。自分の視野の狭さに気付いた瞬間でした。それでも研修が進んでいくと、この分析を行うことで学校というものが外部環境と大きく関わっていて、それを意識した教育活動を行っていくことがどれだけ重要か分かってきました。研修後、私はぜひ校内研修でやってみたいと

思いました。その2年後、私はまた研修でSWOT分析に出合いました。そのとき、分析シートに2年前よりもたくさんの項目を記入している私がいました。2年間で勤務校の内外環境に対する視野が広がったのかもしれません。今が研修のチャンスかもしれないと、私はその年の年度末（2月）にその1年を支えてきたメンバーと校内研修でSWOT分析を行いました。勤務校は単級の学校でありながら初任1年目から4年目までの教員がおり、若手が担任の半数を占めています。もちろんSWOT分析を初めて行う教員ばかりです。でも若手とベテランが意見を出し合いながら分析を始めると、「この学校は地域とのつながりがとても強い」などという強みと「児童数の減少により、授業や行事でできないことが多い」などという弱みが出てきました。強みは生かそう！　と4月から行った道徳の学校研究に人と地域を生かして深く考えることを取り入れました。また弱みはどうしたら改善できるか考え、近隣の学校との交流授業などをすることにしました。SWOT分析によって、これまでの教育活動の幅が広がっていくことや新たな可能性を感じました。

　研修で学んだことはまず自分に取り入れ、そして立場上それだけにとどまらず、良いものは学校全体に広げていくべきだと考えます。研修で出合ったことを、共に学ぶ子供たちと先生方のために、どのように生かし取り入れるかを考えていくことも必要だと感じています。

ワンテーマ・フォーラム
研修での出会い・学び

研修を通して、授業観・教師観の
アップデートを

広島県福山市立川口小学校教諭　山名智美

　小学校での新学習指導要領の全面実施に向けて、様々な研修が行われると同時に、教師観や授業観がスピード感をもって変わってきていると感じている。現場で日々子供たちと対峙している私は、今まで、「指導法」を学ぶことが研修の目的であったのだが、それだけでなく、学びの在り方や教師の役割を再考する機会が増えてきている。

　毎年夏休みに行われている甲南女子大学セミナーで、幼稚園の実践発表を聞く機会があった。そこでは、子供の姿を見守り、信じ、待つ教師の姿が紹介された。子供がいろいろと試せる環境と時間を用意し、子供が「やってみたい」と思うまで、待つのである。子供に「教える」授業をしてきた私にとって、教師の役割の概念が大きく転換された。その学びをもとに、自分の学級で、子供と一緒に授業の展開や表現方法、話し合いの学習形態を決めるようにした。環境を整え、子供たちが「やってみたい」と選べることを大切にしたかったからである。教師は、一番効率の良い方法や展開を知っており、今までは、それを教えてやらせてきた。しかし、学び方を考える力も必要な資質・能力ではないかと思うようになったのだ。すると、「○○しなさい」から、「○○する？それとも……」と次第に声のかけ方も変わった。教師の教えたいことを中心とした学びではなく、子供がやりたいことを大切にする学びに価値があるのではないかと、考えさせられるきっかけとなった。

　広島県の東部で開催されている「ことばの教育研究会」による研修会に初任のころから参加している。今年度は、授業をライブで見ることで学びを深めようと、週末開催にもかかわらず、模擬授業ではなく、児童を相手にした授業提案がなされている。先日の研修会では、「個別最適化」をめざした授業提案があった。これまでの国語の授業では、教師が発問し、それについて子供たちが議論するという授業が主流であったと思う。しかし、今回の提案では、教材文に対して、児童が疑問に思うことを話し合い、そこから児童が解決したい疑問を選び、同一課題のグループを作り、解決に向けて対話を始めるという展開であった。つまり、教師が教えたいことを見通して「発問」という形で思考を焦点化するのではなく、児童の「考えたい」という課題意識を基点として学びが始まり、それを教師がコーディネートしていく展開なのだ。「答え」に向かって、遠回りをしている子供たちも、対話を通して考えが焦点化されていく。それぞれの子供がそれぞれのペースで、学びに向かっていた。子供たちの学習に向かう意欲や、難しいけれどやり切ったという爽快感のあふれる表情を見ると、「学ぶのは面白い」ということを学んでいるようでもあった。一人一人に起こった学びに寄り添った授業づくりの提案であった。

　今、「どのように学ぶか」が重視されている。イノベーションの「主体」は自分自身であると自覚し、私たち教師も対話をしながら、教師観や授業観をアップデートする必要があると感じている。

ワンテーマ・フォーラム
研修での出会い・学び

教員と学校の研修・研究と、研究者としての喜び

甲南女子大学教授　村川雅弘

学校や教員の研修・研究に関わって40年近くになる。その間の一番大きな仕事は、鳴門教育大学大学院・教職大学院32年間の修論指導である。ゼミ生は100名を超え、授業等で間接的に関わった現職教員は数知れない。多くは勤務校の授業改善や学校改革を目的として2年間、様々な分野について学んだことを現場の実態を踏まえて繋げ活用してきた。「学んだことを管理職や同僚と共に授業改善や学校改革に活かすことが重要」「自己の考えや取組の意味や位置をどう捉え、異なる考えや取組とどう関連付けて説明できるかが求められる」「多様な考えや取組を理解しそれらを繋げ生かす力を身に付け、真のリーダーシップを発揮してほしい」と言い続けてきた。多くはその「教え」を守ってくれている。中川斉史氏もその一人である。

34年間続けてきたのが夏期に2日間の日程で行ってきたセミナーである。同窓会的な意味合いだけでなく、筆者が関わっている学校や教員の集いの場として続けてきた。学習指導要領を先取りした講演やワークショップ、先進的な実践の発信、参加者同士の熱い協議を通して実践力を磨いた教員は数多い。山名智美氏はその常連の一人である。

（独）教職員支援機構では「カリキュラム・マネジメント指導者養成研修」や中堅教員研修に長く関わっている。知念透氏は前者、小町成美氏は後者の受講生である。前者では自校の取組を田村知子氏のカリキュラムマネジメント・モデルで分析する演習を、後者では自校の取組を「カリキュラムマネジメント検討用シート」で分析する演習を取り入れた。講義で得た知識を具体事例に当てはめて活用することで、理論の理解を深めることと学校現場への還元をねらいとしている。知念氏も小町氏もそれを実行してくれた。

研修とは、教員の力量向上のための学びである。そのためには自己の授業や校務等を対象化し、何が課題かを明確にし、その解決のために日々研鑽を積むことが重要である。教員は不断にPDCAサイクルを回している。日々の授業や校務を振り返り、評価・改善を繰り返す過程で力量を向上させる。行政研修も校内研修も具体的な問題意識をもって臨むことで自己研鑽につながる。また、学んだことを経験と照らし合わせて自分の言葉で他の教員に伝えたり学校の実態に合わせて活用したりすることでさらに自分のものとなる。「主体的な学び」の成果を同僚等との「対話的な学び」（協働的な問題解決）を通して「深い学び」となる。

学校研究は特別なことではない。子供や地域の実態を踏まえて目標を設定し、その実現のための具体的方策を計画し、日々の実践を通して不断に見直し・改善を行う営みである。

研究者として、教員や学校の研修や研究の後押しを少なからずできること、その成果を子供の成長した姿を通して共に確認できることは無上の喜びである。

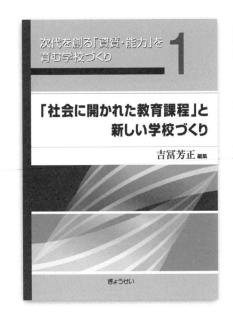
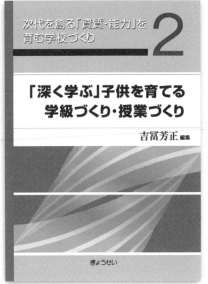

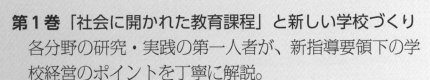

学び手主体へのアップデート

島根県立大学教授
高知県教育委員会事務局学力向上総括専門官
齊藤一弥

■summary■
内容ベイスに慣れていると、内容をもれなく指導していくための配列等に関心が向いてしまうが、学び手の関心や思考と教師が指導したい内容の折り合いをいかにつけていくかが肝要である。資質・能力ベイスでの学びはその両面がバランスよく釣り合う中で成立する。

単元は目指す目的や方向によって変わる

　単元を創るとは、学び手と教師の双方にとって最適な学びをデザインすることである。教師が描いた単元が学び手にとって課題がある場合は、決して計画に固執することなく新たな展開をイメージして単元を描き直すことが必要になる。教師がイメージしている単元とは、そもそも過去の実践履歴がもとになって共有されているものであり、それは指導の目的や方向によって大きく変わってくる。今回の改訂のように資質・能力の育成に向けて見方・考え方を働かせた学習活動を組織することが期待される中では、これまでの内容ベイスの単元を資質・能力ベイスへいかにアップデートしていけばよいのであろうか。

単元に学びの主体はいるのか

　高知県四万十市立中村中学校の理科の授業研究における単元づくりを紹介する。

　図1は、授業研究に先立って行われた教材研究会で提案された単元計画（一部）である。単元は、中学校2年の「電流とその利用」で電流と磁界や電流が磁界から受ける力について取り上げている。この連載で以前にも紹介した中村中学校では、深い学びの実現に向けた学習過程の工夫を研究主題に掲げて、教科における見方・考え方を働かせた授業づくりを追究しているため、単元づくりも新学習指導要領の主旨を活かして見方・考え方を基盤に据えることを大切にしてきている。

　見方・考え方で単元を描いてきたはずであったが、教材研究会では生徒にとって「電流と磁界」「電流が磁界から受ける力」、そして「誘導電流と発電」の3つの内容を学ぶことの必然と関連が話題になった。それぞれの学習には、科学的探究の視点として「量的・質的」「空間的・時間的」に事象を捉えることや「比較」「関連付け」しながら追究していく場は用意されてはいるものの、学び手である生徒が目的を明確にしながら見方・考え方を働かせていくこと

図1　四万十市立中村中学校での教材研究会で提案された単元計画（一部）

になるかという疑問である。生徒が、これまでの経験知や学習知を意識しながら学びの目的を明確にすることが大切であり、そのためには3つの指導内容をつなげていく「価値ある問い」を位置付けることが必要であるという結論にたどり着いた（図2参照）。

小学校理科で、「電磁石で電気が磁力を生み出すこと（5年）」「電気の力でモーターが回ること（4年）、電気が運動に変わること（6年）」、そして「電流が流れるためには回路が存在すること（3年）」などについて学んできた。しかし、それらの事象の背景にある原理や仕組みは理解していないことから、この状況を解決していくことを「価値ある問い」として位置付けていくことで、生徒がこれまでの学習で働かせた見方・考え方を活かしながら学びを押し進めることができるようになるというわけである。

学び手を主体に単元を描き直す

このような視点から学びを構成していくことは生徒にとってみれば自然なことである。内容ベイスに慣れていると、内容をもれなく指導していくための配列等に関心が向いてしまう。本来授業とは、学び手である生徒の関心や思考と教師が指導したい内容の折り合いをつけていく営みである。つまり、そのどちらもが重要であって、資質・能

図3　中村中学校での授業研究会で提案された単元計画（一部）

力ベイスでの学びはその両面がバランスよく釣り合う中で成立する。

図3は、教材研究会を受けてアップデートした単元計画（一部）である。単元の導入では、身の回りの道具に着目し、小学校での学習内容とのずれを確認する場を大切にしている。生徒の疑問や気付きを問いづくりに活かしていくという展開である。これまでに見てきた科学的な事象の背景に関心をもちながら、これまでに身に付けてきた見方・考え方を働かせながら科学的探究を推し進めていこうとしていることがわかる。

教師の授業の腕のアップデート

その後、アップデートされた単元計画で授業はスタートした。しかし、生徒主体に描いたはずの単元であっても、それどおりに授業は動かない。授業研究会の提案授業は、旧来のパターンを踏襲して終わってしまった。指導する教師にも描き直した単元の意図を授業で表出する力量のアップデートが期待されているということである。

図2　中村中学校での教材研究会での筆者の指導板書
　　　（一部）

Profile

さいとう・かずや　横浜国立大学大学院修了。横浜市教育委員会首席指導主事、指導部指導主事室長、横浜市立小学校長を経て、29年度より高知県教育委員会事務局学力向上総括専門官、30年10月より現職。文部科学省中央教育審議会教育課程部会算数・数学ワーキンググループ委員。近著に『新教育課程を活かす能力ベイスの授業づくり』。

モデレーション（ルーブリックの作成）

● POINT ●

学習評価の正当な実施には、ルーブリックが必要である。ルーブリックを作成するときにはモデレーションを実施し、それを活かしてルーブリックを更新させよう。モデレーションは、個々の教師間の評価のバラツキを最小化し、教師個々人の評価力量（見取り能力）を高めることに役立つ研修となる。

●ルーブリックの作成

学習評価を正当に実施するためには、学習目標との関係において求められる達成事項の質的な内容を文章表現したルーブリック（rubric、評価指標）が必要である。これは、児童生徒の学習の達成状況を評価するときに使用される評価の基準となる[1]。

一般には、児童生徒の学習状況を評価する質的な拠りどころである評価規準（criterion）と、その状況を判定するための量的な尺度の拠りどころである評価基準（standard）を含む。さらに、児童生徒の学習の状況度合いを示す数段階の尺度それぞれに見られる学習の質的な特徴を示した記述語や作品（work）から構成されるものもある。

信頼性の高いルーブリックを作成するためには、質的な評価として児童生徒の作品や記述など具体的な事例を付けた評価事例集も作り、児童生徒の実態を評価に反映させていくことが重要である[2]。また、ルーブリックは、児童生徒の学習を評価するための道具ではなく、教師の指導改善や児童生徒の学習促進、加えて学習成果の証明機能として効果を発揮するものと理解し活用することが肝要である。

なお、ルーブリックは、評価の内容や本質に関わった特徴を記述し、それらを適切に見取り評価する上で、教師の鑑識眼を高めることが欠かせない[3]。

●モデレーションの実施

上述したように、ルーブリックを活用して児童生徒の学びの質を見取り評価するためには、個々の教師の鑑識眼を高めることが重要である。そのためには、教師間での合議によるモデレーション（moderation、評価調整）を実施することが有効といえる[4]。モデレーションは、評価者への訓練や評価者間の討議、評価基準の共通理解、事例の提供、評価機関による調査や結果の承認などを意味している。

モデレーションには、評価の結果を統一するものもあるが、以下では評価の過程を統一するものとして具体を示してみよう。まず第一に、一定程度を教師間で統一した評価基準を設定する。第二に、評価基準を説明するための評価事例集を作成する。第三に、評価事例を各教師が持ち寄り、評価基準の解釈や適用の適切さについて話し合う、である。

例えば、「2桁×1桁の計算ができる」という評価の判断は、個々の教師によって異なる。それに到達しているのかどうかを判断するには、どの程度解けるようになったのかというレベルまで具体化して規定しなければならない。それが評価基準

関西学院大学教授　**佐藤　真**

さとう・しん　1962年、秋田県生まれ。東北大学大学院博士後期課程単位取得退学。兵庫教育大学大学院教授、放送大学大学院客員教授などを経て、現職。中央教育審議会専門委員、中央教育審議会「児童生徒の学習評価に関するワーキンググループ」委員、文部科学省「学習指導要領等の改善に係る検討に必要な専門的作業等」協力者、文部科学省「教育研究開発企画評価会議」委員、文部科学省「道徳教育に係る学習評価の在り方に関する専門家会議」委員、国立教育政策研究所「総合的な学習の時間における評価方法等の工夫改善に関する調査研究」協力者、独立行政法人大学入試センター「全国大学入学者選抜研究連絡協議会企画委員会」委員などを務める。

である。「2桁×1桁の計算ができる」ならば、問題を20問作成し、その70％以上が解ければ「A：十分満足できる」と判断するという具合に作成する。ここでは、「2桁×1桁の計算ができる」というのが評価規準であり、70％以上解けるというのが評価基準である。

　しかし、このような量的な評価基準の作成では、「思考・判断・表現」などの高次の評価を質的に把握するのには、無理が生じる。そこで、質的な評価基準を作成するためのルーブリックが必要となる。例えば、理科で実験をしたときに、実験のまとめをする。この実験のまとめを評価するには、実験のレポートなどで学習状況を評価する。この場合、量的に評価することは難しい。そこで、数段階による特徴的な記述を示した記述語による評価基準を作成することが必要である。

　レポートを評価資料として情報収集力、構成力、表現力の三つの観点で評価する場合は、次のようである。各評価者が、評価資料を三つの観点について0から5点で採点する。すなわち、採点は「5　素晴らしい」「4　良い」「3　普通」「2　あと一歩」「1　努力が必要」と「0　記述なし」の6段階の評価となる。また、各段階の特徴は、その要素を記述する。そして、記述が終わったら、司会者を決め、グループの評価者全員の採点結果とその特徴の記述について観点ごとに話し合うのである。例えば、構成力では、A教諭は課題提示、B教諭は小題、C教諭は項目、D教諭は整理、E教諭は項目立てとした場合、要素としては課題提示、項目立て、段落分け、小題、見出しが抽出される[5]。

　このように、ルーブリックを作成する場合、モデレーションによる教師間での協議を実施することにより、教師間における評価のズレを修正し、評価の信頼性を高めることができるのである。さらに、モデレーションを実施しながらのルーブリックの作成時には、C（努力を要する）の児童生徒についての指導の手立てについて検討することにもつながるのである。

　すなわち、モデレーションは、個々の教師間の評価のバラツキを少なくすること、そして、個々の教師の鑑識眼とも言うべき評価力量（見取り能力）を高めることに貢献するものである[6]。

［註］

1　香田健治・佐藤真「ルーブリック開発のためのグループ・モデレーションの方法に関する研究」『学校教育研究・第21号』日本学校教育学会、2006年、pp.192-204

2　すでに2000年12月の教育課程審議会「児童生徒の学習と教育課程の実施状況の評価の在り方について（答申）」では、評価事例集の作成や教員に対する評価に関する研修の充実などが示されていた。

3　教師の鑑識眼については、educational connoisseur shipとしてElliot W.Eisner著、仲瀬律久監訳『教育課程と教育評価—個性化対応へのアプローチ—』建帛社、1990年などを参照のこと。

4　詳しくは、Carolaine V. Gipps著、鈴木秀幸訳『新しい評価を求めて』論創社、2001年、p.12。OECD教育研究革新センター編著、有本昌弘監訳『形成的アセスメントと学力』（明石書房、2008年）ではクイーンズランドの事例等が示されている。

5　香田健治・佐藤真「グループ・モデレーション法による評価研修の実践的な意義」『せいかつか＆そうごう・第14号』日本生活科・総合的学習教育学会、2007年、pp.86-93

6　文部科学省『学習指導要領（平成29年告示）解説・総合的な学習の時間編』2018年では、小（p.121)・中（p.123)・高の探究（p.136）でモデレーションが示されている。

企業のキャッチコピーに学ぶ教育目標の設定

目指す教育目標をシンプルな言葉で表現しよう

「念ずれば、花ひらく」は熊本県出身の詩人・坂村真民（さかむらしんみん）の詩である。この言葉を静岡市立由比中学校の全校集会（2013年1月9日）で、当時の校長は「ただ念じていれば、じっとお願いをしていれば、夢がかなうのではなく、何事も一生懸命に祈るように努力をすれば、自ずから道は開ける、夢や目標がかなうという意味である」「『念』を分解すると『今』と『心』になる。『目の前にある事を一生懸命やる』ということ、言葉を換えれば『実践』すること」と紹介している[1]。

この4年間の連載の中で、兵庫県淡路市立志筑小学校（山本哲也校長）を複数回取り上げてきた。生徒指導的に厳しかった学校が、生活科と総合的な学習の時間を中心に授業改善を展開し素晴らしい学び舎へと変貌してきたプロセスの一部を紹介してきた。奇跡的な復活には必ず根拠や具体的な手立てがある。先生方一人一人が子どもたちと共にどうすればいいかを考え実行し、さらに保護者や地域の人たちを巻き込んで成しえたことである。その「軌跡」を掘り起こし一般化することも研究者の重要な使命と考えている。

困難な状況から抜け出すために志筑小が掲げた学校教育目標は「日本一 人を大切にする学校」（写真1）である。それを受けての2018年度重点目標は「日本一とおもえ

るクラスに！（自分の力を人のためにつかう）」「自分をかがやかせるチャレンジを！（なんにでも いつでも あきらめず チャレンジ）」である。「発表の仕方」も教育目標の達成のための具体と捉えることができる。授業場面だけでなく生活面でも学校教育目標が実現されていることは本誌Vol.9で紹介したとおりである。一見大言壮語に映る目標であるが、この存在は大きかったと考える。教員はもちろん児童や保護者にも分かりやすいシンプルな表現である。「『日本一 人を大切にする』とはどういうことか」を、子どもや教員、保護者が様々な場面で具体的に考え実践を重ねてきたことが今の志筑小を創り出したと考える。

そろそろ今年度の学校教育目標を見直す時期がきている。伝統的に引き継いできたものもあるだろうが、現時点の子どもや学校の実態、家庭や地域の願い、教職員の思いを踏まえて再検討をしてもいいだろう。子どもも教師も、保護者も地域の人も、皆が理解し親しめる目標がいいと考える。何をどうすべきかを各々が様々な立場や状況で考えることのでき

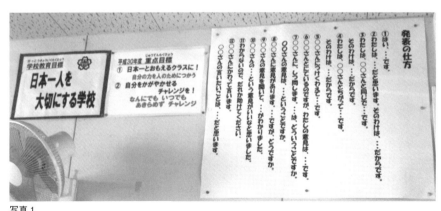

写真1

村川雅弘
甲南女子大学教授

愛知県知多市立東部中学校教諭
八釼明美

る広がりのある表現が望ましい。

　研究仲間の八釼先生から「青学陸上部の作戦名」や「企業のキャッチコピー」の発想を学校教育に生かせないか、との提案をいただいた。後半は、「企業のキャッチコピー」について、八釼先生に担当していただいた。

スポーツ界のスローガン

　3年前の『新教育課程ライブラリⅡ』Vol.4で箱根駅伝3連覇（当時）を果たした青山学院大学陸上部の強さを「自己の学びのカリキュラム・マネジメント」の視点から分析・整理した[2]。3連覇を果たしたときの作戦名が「サンキュー（3＋9）大作戦」である。3連覇にかけたこと、9度目の箱根駅伝出場など、感謝の気持ちから考えている。青学陸上部は日頃から地域清掃などの地域貢献を行い、地域住民は町の活性化のためにも陸上部を応援している。選手たちは箱根駅伝を感謝の気持ちを込めて笑顔で駆け抜ける。選手一人一人が何を為すべきかを考える上で実に分かりやすい目標といえる。初優勝の2015年から4連覇までが「ワクワク大作戦」「ハッピー大作戦」「サンキュー大作戦」「ハーモニー大作戦」である。2位に甘んじた2019年は「出てこい！　ゴーゴー大作戦」、再度総合優勝を果たした2020年度は「やっぱり大作戦」となった。「やっぱり4年生強かった。やっぱり青山学院応援してよかった。そうゆう風なかたちで、大手町に笑顔でゴールをしたい」と原監督は説明している。シンプルな作戦名の裏には雪辱を果たそうとする意気込みが感じられる。

　昨年度、これまでどちらかと言えばマイナーなイメージが強かったラグビーを一気にメジャーにのし上げたのはワールドカップで大活躍した日本代表である。スローガンの「ONE TEAM」は2019年の新語・流行語大賞に選ばれた。これもシンプルだが目指すことが明確である。学校現場においても「チーム学校」が求められる中、受け入れやすい言葉である。

　我が阪神タイガースの2020年のスローガンは「It's 勝（笑）Time！　オレがヤル」である。「これからの1年はグラウンドで苦しいときこそ笑って、楽しいときはもっと楽しく、でもしっかり勝つようなチームを作っていきます。そして、僕たちが勝つことでファンの皆さんにも思いっきり笑ってもらい、思いっきり喜んでもらえるようなシーズンにしたい」と矢野監督は話している。なお、就任1年目の2019年度は「ぶち破れ！　オレがヤル」である。一番好きだったスローガンは野村克也監督時代（1999～2001年）の「TOP野球」である。「TOTAL」（総合力）、「OBJECT LESSON」（実地教育）、「PROCESS IMPORTED」（過程重視）の頭文字をとっている。TOPを目指すという意味合いも含まれていたと思うが……。私は「野球人として必要とされる総合力は、選手一人一人が目的意識を持って練習や試合に臨み、考えながら取り組む過程において育成される」と解釈していた。当時は「生きる力」の育成と関連させて講演等で取り上げることが多かった。

　野村監督のスローガンは難しかったが、スポーツ界のスローガンは一般的にファンにも分かり易いものが多い。学校も応援団である保護者や地域の人にも親しんでもらえる教育目標を掲げたい。　（村川）

キャッチコピーから見える企業のビジョンとミッション

　テレビをぼーっと見ているはずなのに、時折右脳が反応する。番組の間に流れてくるスポンサー企業

のCMが流れたときである。「あなたとコンビに　ファミリーマート」や「お、ねだん以上。ニトリ」「ココロも満タンに　コスモ石油」はおなじみのCMである。多くの人がCMソングとともに、そのフレーズを再生することができるだろう。

「あなたとコンビに」は、「コンビニ」をもじったコピーである。それだけでなく「一人一人のニーズに合わせられるようなコンビニになれるように企業努力していますよ」というメッセージが見て取れる。「お、ねだん以上。」からは、商品価格に見合う以上の品質を売りにしていることが分かる。実際、ベッドのCMでは、スプリングやマットを図解し、その姿勢をアピールしている。「ココロも満タンに」は、「ガソリンを満タンにするだけではなく、真心をこめたサービスを提供しますよ」という姿勢が感じられる。わずか数文字の中に、企業の姿勢がしっかりとわかる。

「24時間戦えますか」は、第一三共ヘルスケアの栄養ドリンク「リゲイン」のキャッチコピーである。1988年、バブルの時代に、時任三郎がスーパーマンとなって現れるインパクトのあるCMであった。「ビジネスマンが24時間戦うために、この一本を」と言わんばかりのコピーである。「♪黄色と黒は勇気のしるし♪」で始まるCMソングは大ヒットし、「24時間戦えますか」は1989年の流行語大賞「銅賞」を受賞している。ところが、「働き方改革」が謳われる今となっては、このキャッチコピーはNGかもしれない（笑）。実際、その後、「全力で行く。リゲインで行く？」「くやしいけれど、仕事が好き。」「その疲れに、リゲインを。」「たまった疲れに。」「ポジティブリゲイン」「疲れに効く理由（わけ）がある。」「飲むところ敵なし。」「攻めの一本」「24時間戦うのはしんどい。」そして、現在は「肉体疲労時の栄養補給、滋養強壮に」と、変化している。

企業のキャッチコピーは、企業としての一貫した姿勢を表しており、いわば「不易」であるのに対して、商品のキャッチコピーについては、世相や消費者のニーズに合わせており、「流行」の側面をもつ。ただし、面白いことに、それは、企業としての一貫した姿勢に相反するものではなく、その時代、そのときには、ピッタリと当てはまっているのだ。長い目で見てみると面白い。

さて、ビジョンは、利潤を追求するための目標や方向性、指針を企業内で共有し、同じ方向性で働くことができるようにするための視点や姿勢である。そして、企業のキャッチコピーは、ビジョンをより分かりやすく、親しみやすく示したものである。企業内で共有するためのビジョンをキャッチコピーとしてその企業で働く人々に示す。しかし、それだけに止まらず、メディアを通して私たち消費者にも知らせるのは、やはり利潤につなげるためである。企業の良さを短い言葉としてアピールし、私たちのイマジネーションを膨らませ、実際の商品購入等につなげる。企業は、この数文字に、企業としての視点や姿勢を投入する。

一方、企業にとってのミッションは、働く人々がビジョンを基に開発した商品等に当たる。商品購入に繋げるために、その時代、そのときのお客様に、親しみやすく、満足感を与えるキャッチコピーを考える。商品や商品のキャッチコピー（ミッション）は、企業のビジョンを具現したものである。

小林製薬のキャッチコピー（ビジョン）は、「あったらいいなをカタチにする」である。商品や商品のキャッチコピー（ミッション）は、例えば内臓脂肪を抑える「ナイシトール」、喉の痛みを軽減する「のどぬーる」、活性する腸のガスを止める「ガスぴたん」、指のササ剥けに作用する「さかむケア」、膀胱

●Profile
むらかわ・まさひろ　鳴門教育大学大学院教授を経て、2017年4月より甲南女子大学教授。中央教育審議会中学校部会及び生活総合部会委員。著書は、『「カリマネ」で学校はここまで変わる！』（ぎょうせい）、『ワークショップ型教員研修　はじめの一歩』（教育開発研究所）など。

炎に効く「ボーコレン」などが挙げられる。面白いことに、小林製薬の商品は、キャッチコピーが商品名になっている。また、確かに、これらの商品のCMが流れると、「大きな声では言えないけれど、あったらいいな」と思える。「あったらいいなをカタチにする」という企業のキャッチコピーを見ると、改めて納得といったところである。

学校や学級のビジョンとミッション

では、学校の最終的な利潤とは何か。やはり、「子どもたちに成果を与えること」であろう。そして、そのためのビジョンが、学校運営（経営）目標となる。たいてい、学校運営（経営）目標は、学校経営案の最初のページに位置する。この学校運営（経営）目標というビジョンを基に、私たち教職員は、いろいろな視点でそれぞれが分掌経営や学級経営を行う。つまりミッションを遂行する。

学級経営では、どうだろう。

「23人のありんこたち」。これは、私が新任のときの3年2組の級訓である。学級のキャッチコピーと言える。「一人一人の力は小さいけれど、力を合わせればなんだってできる」という子どもたちの提案により、決定していった。私は、子どもたちからの提案で、学級経営方針（ビジョン）を決めていた。

その後、子どもたちのアイデアにより、「ありんこ元気くん」というキャラクターを作り、子どもたちの手でシンボル化した。音楽の「節づくり」の授業の中で、「元気君と3年2組」という学級歌も作った。そして、それを学級会や行事の前に歌って士気を高めるようにした。子どもたちは、協力することを大切にして、仲良く生活した。毎日「詩づくり」を行っていたので、「詩集」のタイトルにも用いた

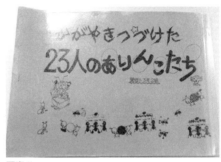

写真2

（写真2）。

2年目の6年2組の級訓は、「無限樹（むげんじゅ）」である。「ぼくたち、私たちは無限にのびる樹である」との提案から生まれた。この子たちは、3年生のときに「寿限無（じゅげむ）」を学習発表会で披露しているため、全員が唱えられる。それを基にした級訓である。響く音もいいし、センスがある。子どもたちの活動はそれこそ無限で、社会科の授業にハトロン紙をつなげて作った実物大の「大仏」を6つに裁断し、畳んで6班が一つずつ修学旅行に持って行った。そして、奈良の東大寺の前で、観光客がいなくなった瞬間に広げて、記念撮影をした。迷惑にならないように、瞬間で撮影するための練習も体育館で行った。今では、こんな奇抜なことは受け入れられないだろう。しかし、私は子どもたちのミッションを許可した。私の若かりし日の学級経営の中のワンシーンである。その時代、そのときである。

（八釼）

[注]
1　静岡市立由比中学校HPの「『校長あいさつ』バックナンバー一覧」より
2　村川雅弘・八釼明美「事例でわかる！アクティブ・ラーニング［第4回］〜箱根駅伝三連覇　青学陸上部のマネジメント〜」『新教育課程ライブラリⅡ』（Vol.4）ぎょうせい、2017年、pp.68-71

カウンセリングのプロセス

 ## こころの動き

カウンセリングの営みは、図の①〜⑤のように考えられます[1]。徐々に「ありたい自己」（第3回参照）に変化していきます。

① こころを開く（自己開示）	・相談への迷い、葛藤 ・温かい感情の交流
	傾聴、受容
② 経験を語る（自己探索）	・安心した心理的世界 ・自己洞察と行動変容
	共感、質問
③ 自分に向き合う（自己対決）	・言動の矛盾、思い込み ・自己防衛に向き合う
	矛盾に付き合う
④ 目標を明確化する（自己調整）	・どうなると、いいのか？ ・どのようにしたいのか？
	調整・援助
⑤ 自己受容の深まり（深化・終結）	・心理的安定、行動変容 ・これまでの振り返り
	自立の援助

もちろんケースの内容や事態によって、多様にしかも漸進的に変容するものです。私たちは不安や悩みに出合うと、それを一気に解消しようと焦ってみたり、そこから逃げ出したりしたくなります。しかし、そこでの「どうしよう？」とする葛藤に向き合うとき、新たな自分の存在に気づくことができます。

 ## 各段階：互いの成長

まず①の段階は、困難な事態に陥って自分の力ではうまく動けないと感じ、助けを求める決断をしま

す。不一致と混乱がこころの内にあります。ちょうど、より糸（strand）がねじれて絡まっている状況です。これを解きほぐす営みが、先生の助け（傾聴と受容）です。「困っているんだね」や「思い切ってよく話してくれたね」などの受け止めです。ここでの親和感（ラポール：rapport）が互いのこころを開き、その後の〈子ども主演のドラマ〉が展開していくエネルギーになります。

②では、ラポールの深まりとともに自分の趣味や長所、体験談などを話すようになります。「そんな楽しいことがあったんだ」「海に行ったことを教えてくれる？」などの対話から、自分のよさや言動を見つめるきっかけができます。ここでの洞察や気づきが、子ども自身の新たな自己発見に繋がります。

この段階の先にあるのが③です。その気づきが子ども自身をプラス思考にします。また、「えー、それは？」とある種のマイナス思考も浮上することもあります。この矛盾にどう立ち向かうのか（対決：confrontation）、ここでの〈こころの位置取り〉がその子自身の感じ方や態度を大きく変貌させます。「今までにない自分のことがわかってきたのかな？」などのレスポンスが先生にもみられます。

すると、子ども自らが新たな目標や生き方を志向する展開の出現です。④の段階です。「問題と思っていたことはこのように考えられるのではないか？」「このようにすれば自分のしたいことが叶うと思う」など、自分なりの調整の仕方に気づくようになります。そのプランづくりをゆっくりと待ちながら、「なるほど……いい考えですね」と一緒に感得するかかわりが先生にもできてきます。

ありむら・ひさはる　東京都公立学校教員、東京都教育委員会勤務を経て、平成10年昭和女子大学教授。その後岐阜大学教授、帝京科学大学教授を経て平成26年より現職。専門は教育学、カウンセリング研究、生徒指導論。日本特別活動学会常任理事。著書に『改訂三版 キーワードで学ぶ 特別活動 生徒指導・教育相談』『カウンセリング感覚のある学級経営ハンドブック』など。

東京聖栄大学教授
有村久春

そして、⑤に至ります。変化している自分を先生に語るようになります。子どもの〈自己成長物語〉を先生が傾聴する場面です。互いにある種の安心感と寂しさを味わいながら、このカウンセリングと別れることになります。「自立していく人」と「見送る人」それぞれに新たな旅立ちと希望があります。

 ## プロセスに寄り添う先生

(1) 傾聴の姿勢

子どもの声（言語）に耳を傾けることだけでなく、その内面にある感情や無意識の所作（非言語）を的確に受け止めることです。

芥川龍之介の小説「手巾」に、息子を亡くした母親が息子の大学の恩師にその報告をする場面があります[2]。母親は息子の死を語るのに涙もためていません。声も平生のとおりです。そのうえ口角には微笑さえ浮かべています。しかし、ふと母親の膝の上を見ると、手巾を持つ手がはげしく震えているのです。そこでのこころの激動を抑えようと、両手で手巾を裂かんばかりに堅く握っているのです。

母親が表出する非言語として心情と動きをうまく描き出しています。顔でこそ笑い、全身で泣いている〈声なき声〉をしっかりと伝え、恩師もそれを聴いている場面だと思います。

(2) 共感的な応答

例えば、「いまの話は……ということですね」（繰り返し）、「そーう、あなたの気持ちはいま……なんですね」（感情の明確化）、「……のように思うけど……実はこんな気分にもなっていて……苦しいのですね……」（葛藤の理解）など、相手に寄り添うレスポンスです。

「共感する」（empathy）は、単に〈いやだったね。辛かったね〉などと「同情する」（sympathy）こととは異なる応答です。子どもが語る事実や感情を、先生自身が感受する言動としてありのままに表出することです（言語化）。

(3) 自己対決への援助

例えば、以下の対話です。

> （子ども）：勉強なんて僕には意味ないと思っていたが、いまは違うように思う……。
> （先生）：なるほど、勉強に意味を見出したと……違う考えに気づいたのですね。それはどう違うの？
> （子ども）：よくわからないけど……何か自分の好きな勉強のやり方があるように思います……。

先生の〈どう違うの？〉の問いが、子どもの自己直面化を刺激しています。この体験が自分を客観的にみる力になります。一歩の踏み出しが、不一致な自己を乗り越え、少しずつ一致する自己に成長します。子どもにはこのような自己回復力（resilience）が備わっていることに先生自らが信頼を寄せることです。

［注］

1　福島脩美他編『カウンセリングプロセスハンドブック』金子書房、2004年、p41（第1章）
2　芥川龍之介作「手巾（ハンケチ）」『大導寺信輔の半生 手巾・湖南の扇』所収、岩波文庫、1990年
参考：カール・ロジャーズ著、伊東博編訳『サイコセラピィの過程』（『ロージァズ全集』第4巻）岩崎学術出版社、1966年

た。ダイエットしている高学年の女子の対応は、とても難しいものになっています。

所を客観的にとらえることが必要なのです。そんなことを考えさせてくれた綾乃の詩でした。

■3月の学級づくり・学級経営のポイント

短所を長所に変える！

綾乃は、素直で笑顔がとても素敵な子です。ニコニコしているのを見ると、こちらまで癒されるようでした。ただ、この詩にあるように少し太めの女の子で、それが悩みのようでした。

ダイエットしようとしていたようですが、

「目の前のケーキの誘惑には負けてしまうんだよね！」

と言っていました。私は、

「そうだよ、今のままでいいと思うよ。君の笑顔がなくなる方がイヤだな」

と伝えていました。

そんなときに出てきたのが、この詩です。私は、思わず大笑いしました。こんなにあっけらかんと自分が太めであることを詩にしたことに、驚いてしまいました。

この詩は、クラス全員に大きな影響を与えました。綾乃に対して、「太っているよね」という目で見ていた男子児童が、「綾乃のあっけらかんとした所がすごいよなぁ」という目に変わりました。また、もともと女子の中で人気のあった子なのですが、ますます人気が出ました。

なんといっても大きかったのが、ダイエットブームが広がりつつあった女子の意識が変わったのです。短所を長所に変えるには、短

ユーモア詩でつづる
学級歳時記

[第11回]

白梅学園大学教授
増田修治

ますだ・しゅうじ　1980年埼玉大学教育学部卒。子育てや教育にもっとユーモアを！と提唱し、小学校でユーモア詩の実践にチャレンジ。メディアからも注目され、『徹子の部屋』にも出演。著書に『話を聞いてよ。お父さん！比べないでね、お母さん！』『笑って伸ばす子どもの力』（主婦の友社）、『ユーモアいっぱい！小学生の笑える話』（PHP研究所）、『子どもが伸びる！親のユーモア練習帳』（新紀元社）、『「ホンネ」が響き合う教室』（ミネルヴァ書房）他多数。

■今月の「ユーモア詩」

肉とりじいさん

辻村　綾乃（6年）

私は幼稚園のころ、
「こぶとりじいさん」
という本を読んだ。
鬼が良いおじいさんのこぶを
取るというお話だった。
私も鬼に、
でっかい体の肉をとってほしい。

■ダイエットの危険性を考える

　高学年ともなると、自分の容姿が気になる年齢です。スリムな体型は美しさ・健康の象徴と考える女性が増えています。「やせてきれいになりたい」という願望から、最近は中学生や高校生に限らず、小学生にまでダイエット志向が強くなっているそうです。

　実際に、「国民健康・栄養調査」によると、若年層のやせが増えておりBMI18・5以下の低体重の割合が20年間で2倍に増加しています。

　思春期は、身体も心も大きく成長する大切な時期です。この時期に無理なダイエットをしてしまうと、将来に大きな影響があります。成長期の身体は栄養を蓄えるどころか失うことになります。思春期はまだ成長の真っ最中です。

　断食や厳しい食事制限を急激に行うと、脂肪をもとに構成されている栄養は骨、筋肉、臓器、脳など身体の全ての部分を作るのに使われます。特にホルモンは、脂肪を極端に制限するダイエットは大変危険なのです。

　しかし、目の前のことを気にしてダイエットをしてしまう高学年の女子が、少なからずいます。無理なダイエットによって体重の15〜20％痩せてしまうと、脳は生命の危機を感じ、生命維持に関係のない機能はストップさせて、エネルギーを節約するのです。生殖機能は生命維持に関係ないので、性線刺激ホルモンが出なくなり生理が止まってしまうことがあります。また排卵をさせるエストロゲンの分泌が止まり、妊娠しづらくなってしまうという可能性が出てきます。

　私の知っている6年生の女子児童は、体重を急激に減らした影響で、体調を崩し、「命の危険がある」ということで、緊急入院しまし

人間性にまつわる煩悩（4）
呪縛からの決別

煩悩からの解放は、煩悩を肯定することによってもたらされる——。この一見、矛盾した哲学的な問いこそが、私たちが気付き、実務としての支援を行っていく上での大事な視点であると思います。

今回は、支援者が"支援の扉を開く"ために、押さえておくべき心持ちについて考えていきたいと思います。

本当かなと思う心

支援者には「あ、こんな面白いやり方があった」といった肯定的な驚きや、新たな気付きを経験することがあります。そのことはある程度必要だとは思いますが、それでいい結果が出たからといって、そのやり方に乗ってしまいすぎることは考えものです。どんなやり方についても、「これ本当かな」と思う心をもっていなければならないと思うのです。

疑念の心は、物事の本質を訪ねる旅には欠くことのできない相棒です。世の中が「これは正しいやり方だ」と思っているものに対しても、「本当かな」と思う心を忘れてはならないのです。たとえ、支援対象者が悲惨な状況にあったとしても、「これを悲惨だと思うのは、事態の本質を見定めているだろうか」と疑ってみることには意味があります。少々、哲学的な思考のようではありますが、この「疑念を抱く」ということは、「これがその子にとって絶対正しいアプローチだ」という煩悩から抜け出す道となります。

もちろん、懐疑の念は大切ですが、疑うことに囚われてもいけません。それは「疑念への囚われ」という新たな煩悩となっていくからです。疑念をもちつつ、疑念に囚われない心というものが、支援者にとって大切な心のもち方になるのです。

面白いと思う驚き

面白いと思う驚きは、煩悩からの決別問題に対する一つの答えとなります。つまりそれは、あなた（支援者）がやっていること、あるいは目の前の事象に対して、「面白い」という感性を向けられるかどうかということです。大げさに言えば、「興味深さ」や「ワクワク感」を覚えられるかということ。さらに言えば、「驚異の念」をもって、相手や事象を迎え入れることができるかということです。

例えば、「おはようございます」と言うことを練習したところ、声が小さくて聞き取れなかったとします。支援の必要がないお相手であれば、「もう少し声を大きく」という指示で足りますが、支援が必要な人には、こうしたアドバイスではやる気をなくしかねません。

ではどうするか。

例えば、挨拶という行動には、それを構成する要素がたくさんあります。声を出す、相手の目を見る、相手に体を向ける、笑顔で言うなどです。いろいろな要素を見てみれば、どこかうまくいっている部分があります。そこに、支援対象者の表情、しぐさなどを発見し、面白いと感じられればしめたものです。そこで「今の顔つきはよかったね」といった肯定的フィードバックを返していくことによって、挨拶の練習はできてきます。声の大きさは、別仕立てで改めて練習をすればいいことです。

おぐり・まさゆき　岐阜県多治見市出身。法務省の心理学の専門家（法務技官）として各地の矯正施設に勤務。宮川医療少年院長を経て退官。三重県教育委員会発達障がい支援員スーパーバイザー、同四日市市教育委員会スーパーバイザー。（一社）日本LD学会名誉会員。専門は犯罪心理学、思春期から青年期の逸脱行動への対応。主著に『発達障害児の思春期と二次障害予防のシナリオ』『ファンタジーマネジメント』（ぎょうせい）、『思春期・青年期トラブル対応ワークブック』（金剛出版）など。

小栗正幸
特別支援教育ネット代表

このように、自分の成功体験などから、そのやり方にこだわったり、囚われたりせず、常に「本当かな」「このやり方でよかったのだろうか」と問うこと、そして、その疑念に囚われず、支援対象者からの反応を面白いと感じ、それをきっかけとしてアプローチしていくことによって、支援の幅も広がってくるのです。

かけがえのないもの

「本当かなと思う心」「面白いという驚き」に続く、煩悩からの決別に向かう次のキーワードは、「かけがえのないもの」です。

私たちは、支援対象者に対して、人間的に成長していってほしいと願いますが、あまり抽象的なアプローチはしません。そこで、できるだけ具体的なアプローチで、承認欲求を満たしたり、自己有用感を感じたりすることができるような気付きを与えていきたいと考えています。私たちのお相手には、大切なものがあまりない、という人が多いのです。そこで、少しでも、かけがえのなさという感覚をもたせていきたいものです。

例えば、支援対象者に新しい友達ができたとか、好きな人ができたとか、いい先輩に巡り合えたといったときに、それが彼らにとってかけがえのないものであることを気付かせていくこと、あるいは、そうした出会いの可能性を高めてあげる工夫をしていくことが大事だと思います。

また、それ以上に大事なのは、支援者が、そのように自分がやっていることに、他にはない特別な意味を認めるということです。自分がやっている支援が、その子にとっても自分にとってもかけがえのないものであるという感覚をもつことです。この感覚

があってこそ、私たちは支援という営みを続けることができます。

その意味で、「本当かなと思う心」「面白いと思う驚き」「かけがえのないもの」という三つの心のもち方からご自身の支援を見つめ直してみることをお勧めしたいと思います。

もちろん、この三つは互いに矛盾する面ももち合わせています。しかし、一見矛盾する視点は、煩悩からの解放には必要なことと考えています。

この連載でも指摘してきましたが、「わざと困らせている」「やる気がない」などといった支援対象者への思い込み、「毅然とした指導」「この子のために」といった指導論の囚われが、支援のミスマッチを起こすことは多いものです。

そこで私たちには、時に的を外したアプローチとか、ユニバーサルデザインから発想した具体的な手立てを講じながら、自身の思い込みや指導観の囚われから脱却し、本当に支援対象者に合った支援を見いだしていくことが大切なのです。

今回掲げた三つのキーワードから、これからの支援のあり方やアプローチなどについて、改めてご自身でデザインし直してみてはいかがでしょうか。

（談）

幼児期に育まれた「10の姿」を生かした スタートカリキュラムの作成

●step11

2020年度に向けて、スタートカリキュラム作成委員会を設置し、幼保小連絡会や新１年保護者会で実施したアンケート結果をもとに、「10の姿」を踏まえたスタートカリキュラムを作成した。

平成30年、「保育所児童保育要録」「幼稚園幼児指導要録」「幼保連携型認定こども園園児指導要録」が新しくなった。そこには、共通の「幼児教育の在り方」が示され、幼児教育で育みたい「資質・能力」や幼児期の終わりまでに育ってほしい姿（以下、「10の姿」とする）が明記された。幼児期の教育と小学校教育を円滑に接続するためには、この「10の姿」を手掛かりに、幼児期の教育で育まれた資質・能力が小学校で発揮されるようにスタートカリキュラムを編成する必要がある。

今回は、本校におけるスタートカリキュラム作成のプロセスについて紹介する。

スタートカリキュラム作成委員会の立ち上げ

(1) 委員会のメンバー

スタートカリキュラム作成委員は、低学年部の教諭、低学年部少人数指導教諭、養護教諭を中心メンバーとし、カリキュラム作成の進捗状況の節目に合わせて、校長、教頭、教務主任を加えるようにしている。

(2) 委員会における検討事項

①作業スケジュールの決定

1月	○作成委員会の立ち上げ ○アンケート作成
2月	○幼保小連絡会、新１年保護者会実施 ・スタートカリキュラムに関する説明 ・アンケート実施 ○アンケート整理・分析
3月	○スタートカリキュラム作成 ○担任へスタートカリキュラム引き継ぎ
4月	スタートカリキュラム実施

	保護者へスタートカリキュラムを提示
	児童の実態により、カリキュラムを更新

②スタートカリキュラム編成に向けたアンケート作成

幼保指導者と保護者を対象に、「健康」「人間関係」「環境」「言葉」「表現」の五つの領域と「10の姿」とを関連させ、達成度について尋ねることにした。また、子どもの好きな歌や遊び、運動会やお遊戯会で発表した演目などについても尋ねた。

スタートカリキュラム編成に向けた子どもの実態把握

(1)幼保小連絡会・新１年保護者会でアンケート実施

アンケート実施の流れは、次のとおりである。

①スタートカリキュラムの説明

②アンケートの内容についての説明

③発達を捉える視点について

④10の姿について

⑤質疑応答

領域	発達を捉える視点	達成度 ○△	10の姿	身に付いた力 （自由記述）
健康	・明るく伸び伸びと行動し，充実感を味わう。		健康な心と体	
	・自分の体を十分に動かし，進んで運動しようとする。		自立心	
	・健康・安全な生活に必要な習慣や態度を身に付け，見通しをもって行動する。		協同性	
			道徳性規範意識の芽生え	
環境	・身近な環境に親しみ，自然と触れ合う中で様々な事象に興味や関心をもつ。		社会生活との関わり	

図1 新１年保で実施したアンケート（一部抜粋）

(2) 幼保小の指導者における子どもの姿の共有

幼保小連絡会で、幼保担当者には、「10の姿」を基に、特によく育ったと思う点や、小学校でさらに伸ばしてほしいと思う点を話してもらい、幼保小の指導者間で子どもの姿を共有できるようにした。

仙台市立荒町小学校教諭
鈴木美佐緒

写真1　子どもの学びを共有

アンケートの分析の結果、「言葉による伝え合う力」が不十分だということが明らかになり、主に、その力を伸ばすためのスタートカリキュラムを編成することにした。

スタートカリキュラムの編成

(1)「10の姿」を生かす授業づくり

第1週　ねらい：学校探検を柱にして，友達との関わりに親しみをもち感じたことを話すことを友達に伝えることができる。				
	6日（月）	7日（火）	8日（水）	9日（木）	10日（金）
朝			入学式		
1	4月9日（木）自己紹介では、名前の他に好きな食べ物も話す。生活で避難経路を確認する。			学級活動	体育
2				学級活動	生活
3				生活	発育測定
4				学級活動	学級活動

★10の姿の「言葉による伝え合い」を生活科中心に構成する

★学校教育目標を踏まえる

★合科的・関連的な指導や弾力的な時間割を設定する

第2週　ねらい：学校探検を柱にして，友達との関わりに親しみをもち感じたことを友達に伝えることができる。				
	13日（月）	14日（火）	15日（水）	16日（木）	17日（金）
朝		歌・手遊び・紙芝居・ダンス他			
1	道徳	算数	音楽	国語	生活
2	避難訓練	生活	図工	算数	図工
3	生活	国語	国語	体育	図工
4	学級活動	音楽	生活	生活	国語

★10の姿の「言葉による伝え合い」を生活科中心に構成する

★学校教育目標を踏まえる

★合科的・関連的な指導や弾力的な時間割を設定する

(2) 安心して生活・学習できる環境づくり

幼稚園や保育所の教室環境を参考に、掲示物を作成したり、子どもが自由に遊べる空間を整えたりした。また、トイレ内に動物のイラストを掲示するなどして、小学校のトイレに対する1年生の抵抗感を軽減した。

【言葉による伝え合う力を育む活動】

> 4月10日（金）
> 着替えをして体育館を探検し、体育館で遊ぶ。体育着で発育測定をする。

> 4月13日（月）
> 避難訓練があることを知り、自分の命は自分で守ることを学ぶ。学校探検で給食室に行き、栄養士から給食についての話を聞いた後に、給食の準備をする。

> 4月14日（火）
> 算数で、1・2について学び、ペアになって手遊びをしたり、並んだりして、学校を探検する。国語の時間で振り返りをする。音楽で校歌があることを知り、元気よく校歌を歌う。

> 4月15日（水）音楽で「みんな友達」の歌を歌う。図画工作の時間に名刺を作り、国語の時間で「自分の好きな物」を紹介する。生活科で学校探検計画をグループごとに考える。

> 4月16日（木）国語で、「し」のつく言葉を探して「し」を学習し、友達としりとりをする。算数で「4」を学習し、体育で「4」になるリズムゲームをする。生活科で4人グループとなって学校探検する。

> 4月17日（金）生活科で振り返りをすることで、学校探検で見つけた物を友達に伝えたいという思いが高まり、図画工作で見つけた物を描く。国語で友達に紹介する。

スタートカリキュラムの実施

以上を踏まえ、4月以降、次のことを実施する予定である。

①作成委員会から新1年担任にスタートカリキュラムを引き継ぐ

②子供の姿をもとにスタートカリキュラムの更新

③保護者に向けた情報発信

「対話力」が未来をつくる（1）

東海国語教育を学ぶ会顧問
石井順治

Society5.0時代教育への転換

今の中学生が社会人として生きる10年後、小学校低学年の子どもなら20年後、そのとき社会はどうなっているのか、その想像力なくして学校教育は推進できません。ただ、現状のシステムにどっぷり浸かり目の前の子どものことに追われる教師にとってそれは容易なことではありません。

最近、Society5.0という言葉が未来社会を語るキーワードのように言われるようになりました。この言葉は、2016年、第5期「科学技術基本計画」において内閣府が提唱した言葉で、狩猟社会（Society1.0）、農耕社会（Society2.0）、工業社会（Society3.0）、情報社会（Society4.0）に続く社会のことです。それは、現在進行中の第4次産業革命で行われている、ビッグデータ、IoT、AI、ロボットなどの技術革新によって生み出される社会のことです。それが進展する10年後、20年後の学校のありようが現在と同じであるはずがありません。

もちろん、学校教育がいきなり大転換するわけではありません。だからどうしても悠長に構えてしまうことになるのでしょうが、考えなければいけないのは、今、目の前にいる子どもたちは確実にSociety5.0の時代を生きることになるということです。学校の変化の歩みが緩やかだからといって、子どもたちへの責任を考えたとき、教師は、もっと積極的に時代に適合した教育に取り組んでいかなければならないのではないでしょうか。

本連載で述べてきた「学び手を育てる対話力」は、Society5.0時代において中心的に求められる資質です。探究・プロジェクト型学習による主体的・創造的学びにおいて、対話力が決定的に必要であり、その対話力を有する学び手こそ時代が求める子ども像だからです。

私はここまで、前述したようなこれからの時代を見据えながらも現状の学校でできることは何かという観点で述べてきました。それは主体的・対話的で深い学びの実現であり、そのために、当面、一斉指導型に偏った授業の見直しと、対話的に子どもが自ら学ぶ学びへの転換がなんとしても必要だと思ったからです。

けれども、なかには、目の前のことを大切に思うあまり何年も先の時代とつなげて考えることができなくて、授業改革に手をつけられない教師がいるのです。その人たちのためにも、もちろんすべての教師のためにも、Society5.0時代への転換をもっとはっきり見据えなければならないのではないか、そして、その実像が見え始めた今こそ、何が大切で何が問題なのか見極めなければならないのではないか、そう思うようになりました。

AIによる教育で懸念されること

次の時代の学び方のカギを握っているのはICTです。文部科学省が小学校5年以上1人1台タブレットという環境にするために予算化するというニュースが流れましたが、そのことからしてもそう断言してよいのではないでしょうか。

ICTの活用は、さまざまな場面でさまざまに想定

●Profile

いしい・じゅんじ　1943年生まれ。三重県内の小学校で主に国語教育の実践に取り組み、「国語教育を学ぶ会」の事務局長、会長を歴任。四日市市内の小中学校の校長を務め2003年退職。その後は各地の学校を訪問し授業の共同研究を行うとともに、「東海国語教育を学ぶ会」顧問を務め、「授業づくり・学校づくりセミナー」の開催に尽力。著書に、『学びの素顔』（世織書房）、『教師の話し方・聴き方』（ぎょうせい）など。新刊『「対話的学び」をつくる　聴き合い学び合う授業』が刊行（2019年7月）。

されているし、これからさらに子どもの学びにとって意味ある活用法が検討されるでしょう。それはそれで必要なことです。

　ただ、看過できない一つの情報を耳にしました。その前兆はテレビのコマーシャルで目にしたパソコンに向かって一人で学ぶ子どもの姿にあったのですが、そういう学び方が学校で行われるようになるかもしれないというのです。

　Society5.0時代においてICTの活用が欠かせないことは理解できます。「超スマート社会」と言われるこの時代ではその便利さが人間の生活をある意味豊かにしてくれるでしょう。けれども、私たちが考えなければいけないのは、こうした変化によって大切なものが失われないように、その変化を人間の未来にとってよりよいものにしなければならないということです。

　パソコンの前に座って個人個人で学習するという学び方は「主体的・対話的で深い学び」と相反する学び方です。ですから、どうしてそういう活用法が出てきたのか不思議でした。

　そしてわかってきたのは、そのような学び方は知識の獲得と習熟においてのみ行うよう検討されているということでした。だとしても、そこにはいくつか懸念されることがあります。それらを列挙してみることにします。

　知識を獲得し理解を深めようとするとき、必ず「わからなさ」にぶつかります。その「わからなさ」に向かって思考する過程が学びを深めるのですが、AIはその過程に寄り添ってくれるのでしょうか。効率を優先し、先へ先へと誘導される学び方になったと

き、そこで得た知識・理解は生きたものにはなりません。苦労せずに得たものほど危ういものはないのです。

　知識獲得にも子ども独特の発想があり子どもによる発見もあります。わかる・できるに特化したAIによる学びでそれはどうなるのでしょうか。人間の発想を受け止め、ともに思考するAIは実現可能なのでしょうか。

　他者の思考とつなげ、他者の考えと切磋琢磨したり、自分にはない考え方から学んだりすることで学びは深くなるのですが、AI相手の学びがそういう他者関係を必要としないのだとしたら、学びが痩せたものになるのではないでしょうか。本質的な学び、人間的な学びが、他者と協働しない個人的なものになることで消えてしまうのではないでしょうか。

　知識獲得はAIで人間的なものは探究的な対話的学びでという割り切り方はありえないことです。獲得した知識と探究的学びは往還するからです。その二つは分断できないのです。

　AIによる学習を学校教育に導入するとき、こういう懸念をどのように払しょくするかはとても重要なことです。その際、学びとは何か、AIと人間性との関係について、深く専門的な研究を必要とします。それを怠ってはならないでしょう。

　もちろん、ICTの活用は探究的・対話的学びにおいても考えなければなりません。その学びこそ、Society5.0時代が求める人間力を育むものであるだけに重視すべきです。それは本連載最終のVol.12に譲ることにします。

● 「日本語指導が必要な児童生徒の受入状況等に関する調査（平成30年度）」の結果について （抜粋）

文部科学省総合教育政策局男女共同参画共生社会学習・安全課

> 令和元年 9 月 27 日公表
> 令和 2 年 1 月 10 日一部訂正

　我が国の公立小学校、中学校、高等学校、義務教育学校、中等教育学校及び特別支援学校における日本語指導が必要な児童生徒の受入状況等について、平成 30 年 5 月 1 日現在で行った調査の結果は次のとおりである。

> 　この調査において「日本語指導が必要な児童生徒」とは、「日本語で日常会話が十分にできない児童生徒」及び「日常会話ができても、学年相当の学習言語が不足し、学習活動への参加に支障が生じており、日本語指導が必要な児童生徒」を指す。
> 　なお、この調査は平成 3 年度より開始し、平成 22 年度調査まで 9 月 1 日現在で行っていたが、平成 24 年度調査より 5 月 1 日現在に改め、2 年ごとに調査を実施している。

調査対象
　全国の公立小学校、中学校、高等学校、義務教育学校、中等教育学校及び特別支援学校

主な調査項目
　1. 日本語指導が必要な児童生徒の状況
　　① 学校種別在籍状況
　　② 母語別（外国籍の児童生徒）・言語別（日本国籍の児童生徒）在籍状況
　　③ 在籍人数別状況

　2. 日本語指導が必要な児童生徒に対する施策の実施状況

　3. 日本語指導が必要な高校生等の中退・進路状況

1 日本語指導が必要な外国籍の児童生徒数

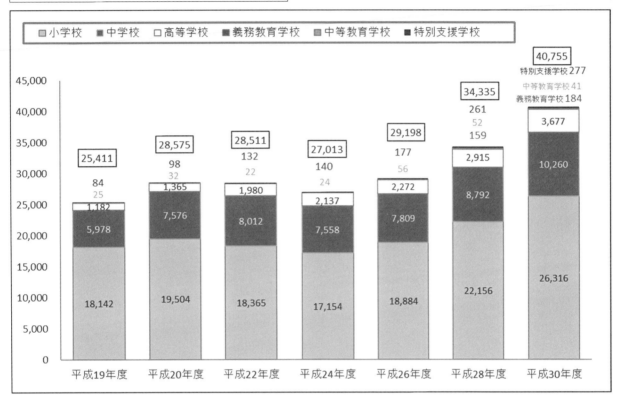

2 日本語指導が必要な外国籍の児童生徒が在籍する学校数

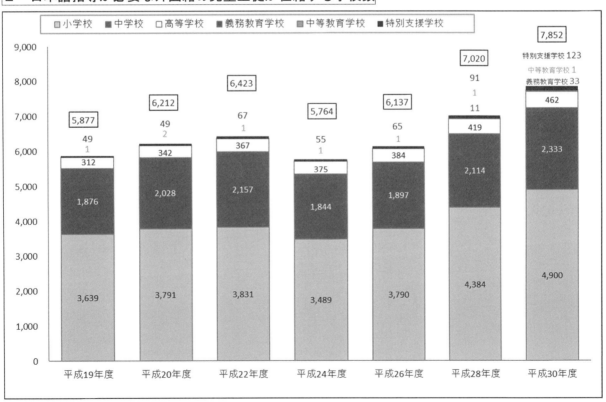

3 日本語指導が必要な日本国籍の児童生徒数

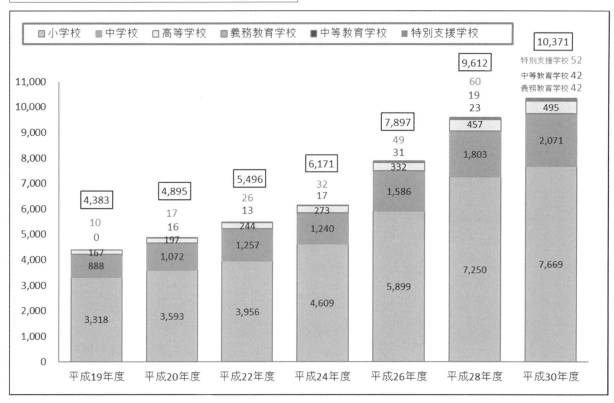

4 日本語指導が必要な日本国籍の児童生徒が在籍する学校数

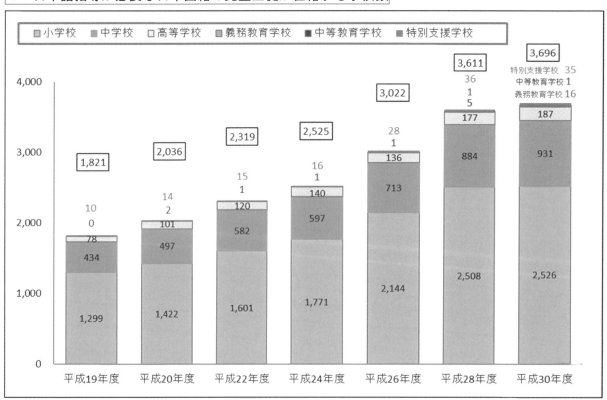

（参考）公立学校に在籍している外国籍の児童生徒数 （出典：文部科学省「学校基本調査」）

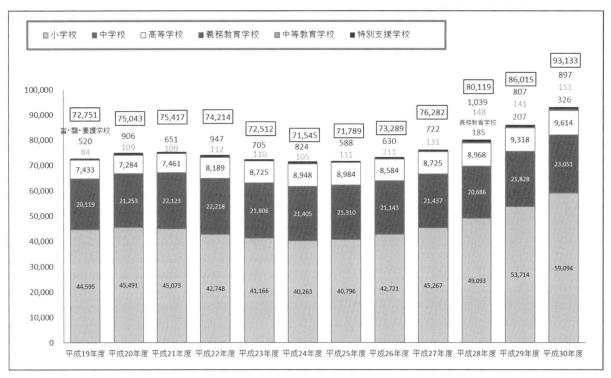

┌───┐
│ 【参考】　公立学校に在籍している外国人児童生徒数（文部科学省「学校基本調査」より）│
│　　　　　　平成30年5月1日現在93,133人　平成28年度より13,014人［16.2%］増加　　│
└───┘

5 日本語指導が必要な児童生徒のうち日本語指導等特別な指導を受けている者の割合

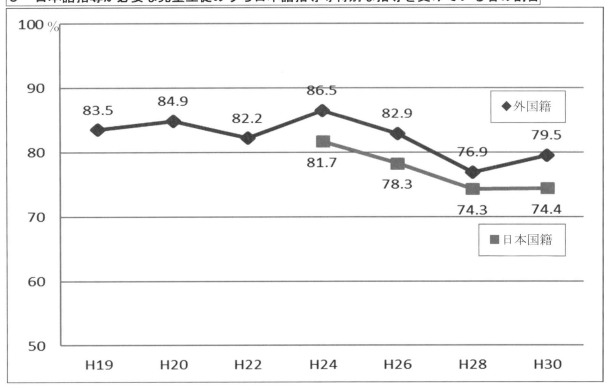

（「表1」の日本語指導等特別な指導を受けている児童生徒数、構成比を参照）

6 5のうち「特別な教育課程」による日本語指導を受けている者の割合

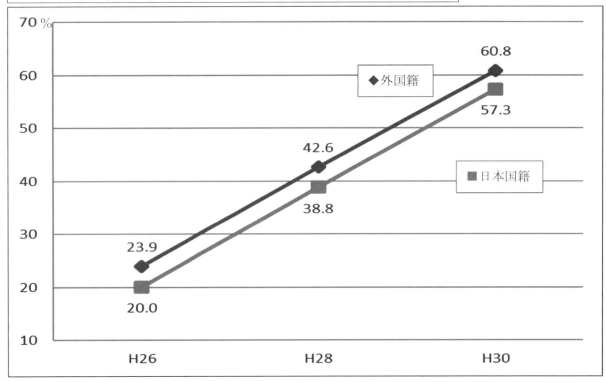

（「表1」の「特別の教育課程」による日本語指導を受けている児童生徒数、構成比を参照）

7　日本語指導が必要な外国籍の児童生徒の母語別在籍状況

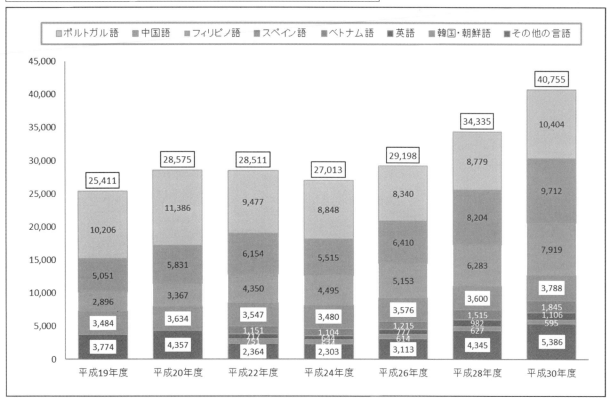

8　日本語指導が必要な外国籍の児童生徒の在籍人数別学校数

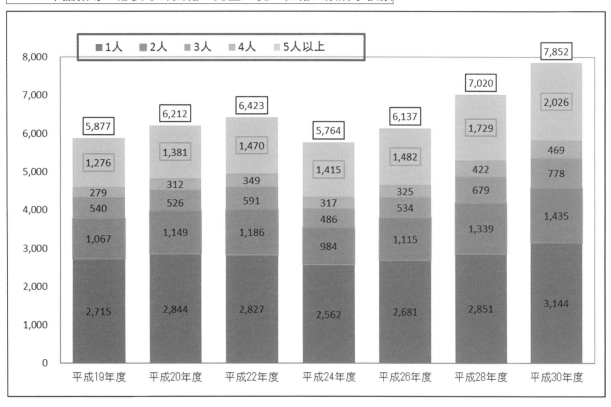

9 日本語指導が必要な外国籍の児童生徒の在籍人数別市町村数

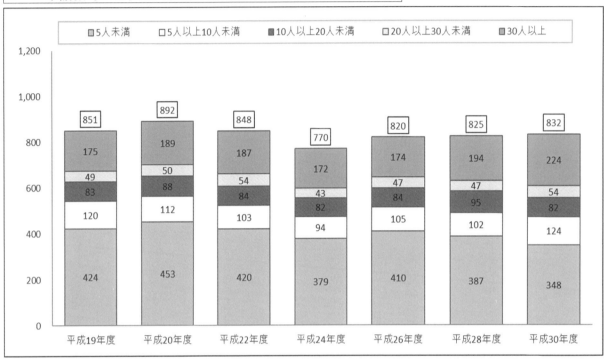

表7　日本語指導が必要な児童生徒に対する日本語指導の内容等について

①日本語指導が必要な児童生徒の対象であるかの判断について　　　　　　　　　　　（校数）

1	DLAや類似の日本語能力測定方法により判定している。	2,572
2	児童生徒の学校生活や学習の様子から判断している。	9,421
3	児童生徒の来日してからの期間を対象基準にしている。	3,693
4	その他	1,748

※日本語指導が必要な児童生徒が在籍している学校の回答（全校種）　外国籍7,852校、日本国籍3,696校
※複数回答可

②日本語指導が必要な児童生徒を対象に行っている指導内容について　　　　　　　　（校数）

1	「サバイバル日本語」（挨拶や体調を伝える言葉、教科名や身の回りの物の名前などを使って使えるようにする。）	5,057
2	「日本語基礎」（文字・表記・語彙・文法、学校への適応や教科学習に参加するための基礎的な力をつける。）	7,198
3	「日本語と教科の統合学習」（JSLカリキュラム）	3,031
4	「教科の補習」（在籍学級での学習内容を先行して学習したり、復習したりする。）	6,067
5	その他	2,287

※日本語指導が必要な児童生徒が在籍している学校の回答（全校種）　外国籍7,852校、日本国籍3,696校
※複数回答可

③「特別の教育課程」による指導を実施していない場合の理由　　　　　　　　　　　（校数）

1	日本語と教科の統合的指導を行う担当教員がいないため。	4,167
2	「特別の教育課程」で行うための教育課程の編成が困難であるため。	3,160
3	個別の指導計画の策定や学習評価が困難なため。	2,156
4	拠点校への通級などのための学校間の連携体制が整っていないため。	1,663
5	該当する児童生徒本人、または、保護者が希望しないため。	2,094
6	校内に「特別の教育課程」の対象児童生徒がいないと判断するため。	2,315
7	その他	1,631

※日本語指導等特別な指導を受けている児童生徒のうち、「特別な教育課程」による日本語指導を受けていない児童生徒が在籍している学校の回答。小学校、中学校、義務教育学校、中等教育学校の前期課程、特別支援学校の小学部・中学部のみ。
外国籍3,716校、日本国籍1,547校
※複数回答可
※その他の内容の例：
　　・在籍学級で支援を受けながら学習しているため。
　　・特別支援学級に在籍し、個別の指導計画に基づいて、支援を行っているため。

表8　平成２９年度中の日本語指導が必要な高校生等の中退・進路状況

　　※ここでいう「高校生等」とは、公立の全日制・定時制高等学校、通信制高等学校、中等教育学校後期課程及び特別支援学校高等部の生徒をいう。

　　※全高校生等のデータは、「平成29年度学校基本調査（※1）」、「平成30年度学校基本調査（※2）」及び「平成29年度児童生徒の問題行動・不登校等生徒指導上の諸課題に関する調査（※3）」を基に算出。

1．中途退学率

	在籍している生徒数	中途退学した生徒数	中退率
日本語指導が必要な高校生等（特別支援学校の高等部は除く）	3,933	378	9.6%
全高校生等（特別支援学校の高等部は除く）)	2,295,416　（※1）	28,929　（※3）	1.3%

2．進路状況
①進学率

	高等学校等を卒業した生徒数	高等学校等を卒業した後大学や専修学校などの教育機関等（※4）に進学等した生徒数	進学率
日本語指導が必要な高校生等	704	297	42.2%
全高校生等	750,315　（※2）	533,118　（※2）	71.1%

（※4）短期大学、専門学校、各種学校を含む

②就職者における非正規就職率

	高等学校等を卒業した後就職した生徒数	高等学校等を卒業した後非正規又は一時的に就職した生徒数	就職者における非正規就職率
日本語指導が必要な高校生等（全日制・定時制・通信制高校及び中等教育学校後期課程のみ）	245	98	40.0%
全高校生等（全日制・定時制高校及び中等教育学校後期課程のみ）	158,135　（※2）	6,746　（※2）	4.3%

③進学も就職もしていない者の率

	高等学校等を卒業した生徒数	高等学校等を卒業した後進学・就職（・帰国）していない生徒数（不詳、死亡は除く）	進学も就職もしていない者の率
日本語指導が必要な高校生等	704	128	18.2%
全高校生等	750,315　（※2）	50,373　（※2）	6.7%

〔参考〕

①－１　日本語指導が必要な外国籍の児童生徒の学校種別在籍状況（都道府県別）

（児童・生徒数：人、学校数：校）

	小学校		中学校		高等学校		義務教育学校		中等教育学校		特別支援学校		合　計		前回比〔%〕		合計（平成28年5月1日現在）	
	児童数	学校数	生徒数	学校数	生徒数	学校数	児童生徒数	学校数	生徒数	学校数	児童生徒数	学校数	児童生徒数	学校数	児童生徒	学校	児童生徒数	学校数
北海道	88	46	19	15	16	6	1	1	0	0	1	1	125	69	100.0	109.5	125	63
青森県	22	10	9	6	0	0	0	0	0	0	1	1	32	17	106.7	81.0	30	21
岩手県	10	5	4	4	0	0	0	0	0	0	0	0	14	9	107.7	112.5	13	8
宮城県	76	44	28	22	5	2	0	0	0	0	0	0	109	68	100.9	93.2	108	73
秋田県	24	17	7	5	2	1	0	0	0	0	0	0	33	23	165.0	164.3	20	14
山形県	20	12	14	11	2	1	0	0	0	0	0	0	36	24	80.0	72.7	45	33
福島県	57	26	13	12	11	6	0	0	0	0	0	0	81	44	137.3	122.2	59	36
茨城県	813	155	268	71	94	15	24	6	0	0	7	4	1,206	251	130.5	123.6	924	203
栃木県	554	96	129	41	31	5	0	0	0	0	2	2	716	144	107.5	104.3	666	138
群馬県	873	108	258	54	101	7	0	0	0	0	29	10	1,261	179	122.0	117.8	1,034	152
埼玉県	1,559	367	478	180	200	32	0	0	0	0	8	7	2,245	586	127.4	122.6	1,762	478
千葉県	1,120	330	419	157	228	31	10	2	0	0	1	1	1,778	521	119.4	113.8	1,489	458
東京都	1,857	577	1,027	299	722	50	27	8	0	0	12	10	3,645	944	124.3	106.8	2,932	884
神奈川県	2,845	416	964	191	630	44	5	1	0	0	9	5	4,453	657	112.8	101.5	3,947	647
新潟県	93	43	41	32	11	8	0	0	0	0	0	0	146	84	113.2	120.0	129	70
富山県	247	57	84	33	1	1	0	0	0	0	0	0	332	91	108.1	104.6	307	87
石川県	102	26	16	11	6	3	0	0	0	0	0	0	124	40	117.0	125.0	106	32
福井県	111	22	28	6	12	4	0	0	0	0	0	0	151	32	123.8	88.9	122	36
山梨県	260	68	59	28	8	6	0	0	0	0	0	0	327	102	127.2	120.0	257	85
長野県	342	98	114	43	42	22	1	1	0	0	13	4	512	168	101.8	111.3	503	151
岐阜県	994	124	409	64	151	12	0	0	0	0	42	11	1,596	211	122.8	105.5	1,300	200
静岡県	2,107	245	712	118	178	21	0	0	0	0	38	14	3,035	398	113.5	111.5	2,673	357
愛知県	6,146	562	2,462	278	448	36	0	0	0	0	44	14	9,100	890	125.1	111.9	7,277	795
三重県	1,447	150	565	63	254	21	0	0	0	0	33	15	2,300	250	111.8	107.3	2,058	233
滋賀県	817	94	356	46	54	8	0	0	0	0	11	3	1,238	151	116.9	95.0	1,059	159
京都府	155	67	59	30	20	9	4	3	0	0	0	0	238	109	90.2	103.8	264	105
大阪府	1,309	380	918	182	300	40	87	2	0	0	5	4	2,619	608	115.1	123.6	2,275	492
兵庫県	659	186	225	76	48	17	18	2	41	1	11	8	1,002	290	103.6	116.5	967	249
奈良県	100	37	103	12	13	2	0	0	0	0	5	4	221	55	102.8	85.9	215	64
和歌山県	10	8	6	4	8	6	2	2	0	0	0	0	26	20	130.0	125.0	20	16
鳥取県	12	8	14	11	1	1	0	0	0	0	0	0	27	20	100.0	87.0	27	23
島根県	115	20	48	18	4	2	0	0	0	0	0	0	167	40	145.2	107.1	115	28
岡山県	82	29	19	13	7	2	0	0	0	0	0	0	108	44	103.8	83.0	104	53
広島県	388	101	138	57	22	9	1	1	0	0	2	2	551	170	126.1	129.8	437	131
山口県	75	23	18	13	5	4	0	0	0	0	0	0	98	40	140.0	153.8	70	26
徳島県	35	16	7	7	4	3	0	0	0	0	0	0	46	26	73.0	86.7	63	30
香川県	94	27	49	13	0	0	0	0	0	0	0	0	143	40	118.2	108.1	121	37
愛媛県	32	16	10	9	2	1	0	0	0	0	0	0	44	26	100.0	123.8	44	21
高知県	12	7	8	6	0	0	0	0	0	0	0	0	20	13	166.7	130.0	12	10
福岡県	333	132	74	43	14	7	0	0	0	0	1	1	422	183	135.3	137.6	312	133
佐賀県	25	15	6	5	4	5	0	0	0	0	0	0	35	25	145.8	156.3	24	16
長崎県	19	9	6	5	6	5	0	0	0	0	0	0	33	19	132.0	105.6	25	18
熊本県	55	28	23	15	3	3	0	0	0	0	0	0	81	46	93.1	95.8	87	48
大分県	36	19	8	6	2	2	0	0	0	0	0	0	46	27	143.8	128.6	32	21
宮崎県	31	11	16	9	0	0	0	0	0	0	0	0	47	20	146.9	133.3	32	15
鹿児島県	16	11	3	2	1	1	0	0	0	0	0	0	20	14	51.3	58.3	39	24
沖縄県	139	52	19	16	7	5	0	0	0	0	1	1	166	74	158.1	157.4	105	47
計	26,316	4,900	10,260	2,333	3,677	462	184	33	41	1	277	123	40,755	7,852	118.7	111.9	34,335	7,020

②-1　日本語指導が必要な日本国籍の児童生徒の学校種別在籍状況（都道府県別）

（児童・生徒数：人、学校数：校）

	小学校		中学校		高等学校		義務教育学校		中等教育学校		特別支援学校		合　計		前回比〔%〕		合計(平成26年5月1日現在)	
	児童数	学校数	生徒数	学校数	生徒数	学校数	児童生徒数	学校数	生徒数	学校数	児童生徒数	学校数	児童生徒数	学校数	児童生徒	学校	児童生徒数	学校数
北海道	47	31	9	9	13	2	0	0	0	0	0	0	69	42	135.3	116.7	51	36
青森県	14	8	5	4	2	1	0	0	0	0	0	0	21	13	123.5	130.0	17	10
岩手県	12	7	4	1	0	0	0	0	0	0	0	0	16	8	48.5	61.5	33	13
宮城県	25	16	12	10	0	0	0	0	0	0	0	0	37	26	66.1	63.4	56	41
秋田県	20	9	8	7	1	1	0	0	0	0	0	0	29	17	100.0	94.4	29	18
山形県	13	10	7	7	0	0	0	0	0	0	0	0	20	17	95.2	89.5	21	19
福島県	16	14	5	5	3	2	0	0	0	0	0	0	24	21	55.8	77.8	43	27
茨城県	197	71	36	28	4	4	0	0	4	3	2	1	243	107	109.0	105.9	223	101
栃木県	109	37	12	11	6	3	0	0	0	0	0	0	127	51	94.1	85.0	135	60
群馬県	111	49	38	15	10	4	0	0	0	0	4	3	163	71	105.2	110.9	155	64
埼玉県	341	158	58	46	60	15	0	0	0	0	2	2	461	221	85.2	92.1	541	240
千葉県	321	156	83	49	34	11	0	0	0	0	1	1	439	217	89.4	83.5	491	260
東京都	687	262	205	131	46	20	0	0	0	0	3	3	941	416	86.7	89.7	1,085	464
神奈川県	1,202	289	263	96	155	29	1	1	0	0	2	2	1,623	417	135.0	110.6	1,202	377
新潟県	60	32	14	13	3	3	0	0	0	0	1	1	78	49	78.0	104.3	100	47
富山県	42	29	11	6	0	0	0	0	0	0	0	0	53	35	117.8	116.7	45	30
石川県	18	9	1	1	2	1	1	1	0	0	0	0	22	12	75.9	70.6	29	17
福井県	15	11	1	1	1	1	0	0	0	0	0	0	17	13	77.3	92.9	22	14
山梨県	58	33	11	9	2	2	0	0	0	0	0	0	71	44	84.5	115.8	84	38
長野県	118	53	27	15	8	6	0	0	0	0	0	0	153	74	115.0	113.8	133	65
岐阜県	143	65	51	22	4	2	0	0	0	0	4	2	202	91	136.5	119.7	148	76
静岡県	273	115	87	43	9	6	0	0	0	0	7	2	376	166	111.6	116.9	337	142
愛知県	1,721	293	437	90	11	7	0	0	0	0	7	3	2,176	393	108.9	102.3	1,998	384
三重県	255	65	88	27	4	2	4	2	0	0	2	2	353	98	118.1	98.0	299	100
滋賀県	101	35	22	12	4	2	0	0	0	0	0	0	127	49	107.6	114.0	118	43
京都府	89	42	52	24	1	1	7	3	0	0	0	0	149	70	83.7	101.4	178	69
大阪府	698	201	238	89	65	27	9	3	0	0	3	3	1,013	323	134.2	127.7	755	253
兵庫県	186	76	51	33	8	6	15	2	42	1	3	3	305	121	123.5	109.0	247	111
奈良県	58	31	8	7	3	2	0	0	0	0	0	0	69	36	156.8	150.0	44	24
和歌山県	12	7	12	8	5	4	1	1	0	0	0	0	30	20	90.9	105.3	33	19
鳥取県	9	7	7	6	2	2	0	0	0	0	1	1	19	16	118.8	160.0	16	10
島根県	18	12	12	10	2	2	0	0	0	0	0	0	32	24	86.5	114.3	37	21
岡山県	28	15	6	5	3	3	0	0	0	0	1	1	38	24	71.7	72.7	53	33
広島県	125	52	33	17	2	2	0	0	0	0	1	1	161	72	95.8	110.8	168	65
山口県	28	10	10	6	0	0	0	0	0	0	0	0	38	16	105.6	100.0	36	16
徳島県	16	13	3	3	0	0	0	0	0	0	0	0	19	16	79.2	114.3	24	14
香川県	15	9	7	4	0	0	0	0	0	0	0	0	23	14	82.1	73.7	28	19
愛媛県	12	8	2	1	0	0	0	0	0	0	0	0	14	9	93.3	75.0	15	12
高知県	13	5	1	1	0	0	0	0	0	0	0	0	14	6	175.0	120.0	8	5
福岡県	194	68	67	23	12	5	0	0	0	0	1	1	274	97	111.4	103.2	246	94
佐賀県	14	9	7	5	0	0	0	0	0	0	0	0	21	14	161.5	200.0	13	7
長崎県	26	14	6	4	1	2	0	0	0	0	0	0	33	20	137.5	142.9	24	14
熊本県	38	24	15	8	2	2	0	0	0	0	0	0	55	34	96.5	100.0	57	34
大分県	16	10	4	4	0	0	0	0	0	0	0	0	20	14	95.2	87.5	21	16
宮崎県	4	4	4	4	0	0	0	0	0	0	0	0	8	8	66.7	88.9	12	9
鹿児島県	16	11	8	3	5	4	0	0	0	0	0	0	29	18	207.1	138.5	14	13
沖縄県	135	41	23	11	2	2	0	0	0	0	6	2	166	56	88.3	83.6	188	67
計	7,669	2,526	2,071	931	495	187	42	16	42	1	52	35	10,371	3,696	107.9	102.4	9,612	3,611

③－1　日本語指導が必要な外国籍の児童生徒の母語別在籍状況（都道府県別）

（児童・生徒数：人）

	英語	韓国・朝鮮語	スペイン語	中国語	フィリピノ語	ベトナム語	ポルトガル語	その他	計
北海道	9	3	3	35	9	3	1	62	125
青森県	3	0	0	9	4	1	0	15	32
岩手県	0	0	0	8	0	0	0	6	14
宮城県	8	3	2	31	5	11	0	49	109
秋田県	5	0	0	6	10	1	0	11	33
山形県	0	1	0	24	3	0	0	8	36
福島県	5	0	0	30	28	2	1	15	81
茨城県	33	4	85	101	370	34	188	391	1,206
栃木県	24	2	205	51	136	18	146	134	716
群馬県	37	5	276	62	208	88	455	130	1,261
埼玉県	81	22	140	887	374	128	156	457	2,245
千葉県	42	41	132	597	359	41	48	518	1,778
東京都	200	116	57	1,866	551	73	26	756	3,645
神奈川県	160	72	511	1,560	724	440	309	677	4,453
新潟県	3	1	4	43	22	2	4	67	146
富山県	4	2	4	48	59	1	124	90	332
石川県	2	2	2	21	4	2	50	41	124
福井県	0	0	4	13	12	1	110	11	151
山梨県	10	14	46	50	37	9	145	16	327
長野県	16	4	38	174	55	5	188	32	512
岐阜県	25	3	50	115	700	22	631	50	1,596
静岡県	17	5	341	158	725	90	1,599	100	3,035
愛知県	125	94	919	1,034	2,074	162	4,106	586	9,100
三重県	24	12	484	112	568	17	945	138	2,300
滋賀県	15	9	225	51	135	10	758	35	1,238
京都府	10	4	8	100	25	3	5	83	238
大阪府	31	73	105	1,461	246	315	63	325	2,619
兵庫県	26	41	45	298	107	294	85	106	1,002
奈良県	4	4	24	115	20	2	10	42	221
和歌山県	3	1	0	7	8	0	2	5	26
鳥取県	4	1	0	7	10	0	0	5	27
島根県	0	0	0	14	12	1	131	9	167
岡山県	2	1	4	43	12	10	19	17	108
広島県	18	9	14	203	114	20	83	90	551
山口県	21	2	4	30	11	13	4	13	98
徳島県	1	2	1	15	4	0	0	23	46
香川県	5	1	43	45	39	2	1	7	143
愛媛県	6	0	5	9	4	0	3	17	44
高知県	1	1	0	10	4	0	1	3	20
福岡県	38	19	4	157	62	13	1	128	422
佐賀県	1	2	0	9	6	3	0	14	35
長崎県	12	2	1	7	4	1	1	5	33
熊本県	5	0	0	33	19	0	0	24	81
大分県	6	1	0	13	8	0	0	18	46
宮崎県	7	0	2	7	3	0	0	28	47
鹿児島県	1	0	0	6	6	0	0	7	20
沖縄県	56	16	0	37	23	7	5	22	166
計	1,106	595	3,788	9,712	7,919	1,845	10,404	5,386	40,755

④-1　日本語指導が必要な日本国籍の児童生徒の言語別在籍状況（都道府県別）

（児童・生徒数：人）

	日本語	英語	韓国・朝鮮語	スペイン語	中国語	フィリピノ語	ベトナム語	ポルトガル語	その他	計
北海道	5	15	4	4	10	12	0	0	19	69
青森県	8	9	1	0	0	2	0	0	1	21
岩手県	1	2	0	0	1	12	0	0	0	16
宮城県	7	5	1	0	9	9	0	0	6	37
秋田県	14	3	0	0	9	2	1	0	0	29
山形県	4	0	1	0	11	4	0	0	0	20
福島県	5	3	3	0	5	6	0	0	2	24
茨城県	36	25	6	5	20	101	2	10	38	243
栃木県	19	10	3	11	21	38	2	8	15	127
群馬県	14	12	2	22	12	65	4	28	4	163
埼玉県	64	36	9	22	129	119	10	21	51	461
千葉県	35	42	8	12	113	177	8	5	39	439
東京都	139	196	17	10	296	190	4	2	87	941
神奈川県	129	192	38	111	423	421	34	85	190	1,623
新潟県	20	10	1	0	15	18	0	3	11	78
富山県	8	4	0	3	8	18	0	2	10	53
石川県	5	3	2	0	2	3	0	4	3	22
福井県	1	1	0	1	2	10	0	1	1	17
山梨県	17	6	0	3	12	17	0	8	8	71
長野県	17	13	2	5	36	50	2	7	21	153
岐阜県	25	11	1	7	15	115	0	16	12	202
静岡県	25	16	3	26	27	182	7	53	37	376
愛知県	145	159	35	120	238	1,085	34	195	165	2,176
三重県	14	30	6	27	24	130	9	71	42	353
滋賀県	8	12	3	9	8	49	0	29	9	127
京都府	34	14	4	3	46	37	0	0	11	149
大阪府	139	56	39	37	427	181	49	13	72	1,013
兵庫県	57	40	12	17	68	53	19	11	28	305
奈良県	5	14	4	4	9	11	2	2	18	69
和歌山県	0	2	1	2	2	18	0	0	5	30
鳥取県	2	0	1	0	7	6	0	0	3	19
島根県	10	2	1	0	4	9	0	2	4	32
岡山県	9	6	3	0	10	5	0	0	5	38
広島県	31	21	4	3	39	48	0	2	13	161
山口県	7	12	0	0	8	8	0	1	2	38
徳島県	3	3	1	0	3	5	0	0	4	19
香川県	1	0	4	0	6	11	0	0	1	23
愛媛県	7	2	0	0	0	5	0	0	0	14
高知県	2	1	0	2	6	3	0	0	0	14
福岡県	55	35	9	3	38	101	1	0	32	274
佐賀県	4	3	1	0	5	7	1	0	0	21
長崎県	3	23	1	0	3	3	0	0	0	33
熊本県	20	7	3	0	8	16	0	0	1	55
大分県	7	6	1	1	2	2	0	0	0	20
宮崎県	1	1	0	1	2	3	0	0	0	8
鹿児島県	2	9	0	0	2	9	0	0	7	29
沖縄県	37	101	2	0	8	7	4	2	5	166
計	1,201	1,173	237	471	2,149	3,384	193	581	982	10,371

⑤ 日本語指導が必要な児童生徒に対する施策の実施状況

※平成29年度中に日本語指導が必要な児童生徒の受入れに係り、各教育委員会が国（市区町村については国及び都道府県）の補助金や委託費を受けずに、独自に予算措置を行うなどして実施した施策。

1．指導体制

1　担当教員（常勤）の配置
2　児童生徒の母語を話せる支援員の派遣
3　日本語指導の支援員
4　2、3以外の支援員等の派遣

※小・中学校：義務教育学校、中等教育学校の前期課程、特別支援学校の小・中学部を含む。

※高等学校：中等教育学校の後期課程、特別支援学校の高等部を含む。

（1）都道府県数（小・中学校）
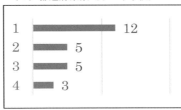

（2）市区町村数（小・中学校）

（3）都道府県数（高等学校）
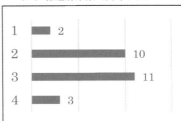

（4）市区町村数（高等学校）
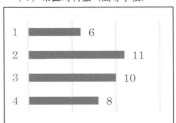

2．研修

1　担当教員の研修
2　支援員の研修
3　在籍学級担任・教科担当教員も含めた研修

（1）都道府県数
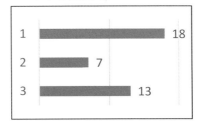

（2）市区町村数
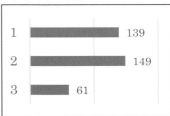

3．受入体制

1　関係機関と連携した協議会等の開催
2　拠点校・支援センターの設置
3　日本語を指導する教室等の設置

（1）都道府県数
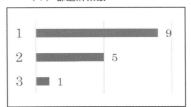

（2）市区町村数

4．情報提供

1　就学・教育相談窓口の設置
2　就学に関するガイドブック作成・配布
3　外国人児童生徒の保護者に対する就学案内
4　域内の小・中段階の子供の就学状況調査
5　就学前の子供の保護者に対する就学ガイダンス
6　就学前の子供を対象としたプレクラス
7　小・中学生とその保護者に対する進路ガイダンス

（1）都道府県数
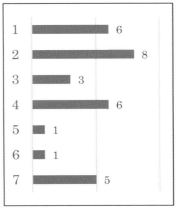

（2）市区町村数
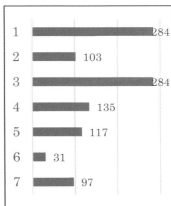

地域でつなぐ「夢」のバトン

静岡県川根本町立中川根第一小学校長
石原一則

2018年11月24日、この日のために作ったこのTシャツ・ポロシャツを着て、静岡県島田市立川根小学校は開校50周年記念イベント「川根ラブフェスティバル」を行った。地域の人や駆けつけた卒業生ら約1000人を迎えた子供たち、PTA、青年団、教師の合い言葉は「地域のみんなを笑顔にする」だった。

川根では毎夏、青年団が町で野外ライブ「＠BIG NATURE」を開催している。そこに出演しているアーティストと子供たちが一緒に創り上げたステージが川根ラブフェスティバルの第3部だ。彼らが最初に学校にやってきたときの様子を朝日新聞では、「金髪や銀髪、モヒカンのアーティストたちが5月29日〜30日、東京から山あいの小学校にやってきた」と紹介してくれた。最初はその出で立ちに面食らっていた子供たちや教師だったが、ワークショップの回を重ねるごとに彼らの魅力に引き込まれていった。「できないことなんてない、できないのは最初からあきらめているからだ」「失敗と間違いは違う」「相手の心に届く表現」等の言葉を子供たちは心に刻んだ。

第3部のフィナーレは、全員でオリジナル曲「ひかりとみどりのラブ川根」を歌った。その歌い出しのソロを見事にやりきった2年生のK君は、川根ラブフェスティバル後にこんな言葉を記していた。

「しっぱいは、せいこうのもと。あきらめずになんどでもチャレンジすればきっとできる。でも、自分でできることはかぎられている。だから友だちがいる・家ぞくがいる。みんながいる。おたがいたすけ合えばきっとできる。」

川根ラブフェスティバルは、第3部だけではない。1期から50期までの卒業生が1ページずつ担当して創り上げた記念誌。第一部の式典では地域の楽団（川根コンセールギャザー）のバックミュージックに乗せて流れた「なつかし映像」。第2部は、ふるさと教育「川根ラブ・アクション」での成果として、子供たちと企業と高齢者がコラボした出展や、地域の人たちと一緒に作った餅米でついたお餅を振る舞う活動等を行った。それらの活動は全て、夢から生まれた奇跡だ。そして、その夢は確実に次の夢へとつながっていく。

第4部として1期から6期までの卒業生が中心となって祝賀会を開催してくれた。その名も「川根の未来を語る会」。その会の中で会話した私よりもご高齢の女性がこう話してくれた。

「100周年が楽しみだね。」

私の一枚

岡山市立岡輝中学校長
門田正充

　大切にしている、一枚の写真がある。奈良東大寺大仏殿の大きな柱の前に、一人の少年が立っている。少年の半パンや背格好から小学生であろう。また、旗を持っているところから、修学旅行の一コマである。しかし、何とも不細工なのは、わざわざその少年を柱の前に立たせて写したであろうに、その少年の顔が、見事にすぱっと写っていないことだ。

　岡山市では、小学校の修学旅行の行き先の主流は、奈良・京都。ちなみに中学校は、北九州で、最近では沖縄といったところ。当時、岡山市立石井小学校に在籍していた少年は、それは楽しみにして修学旅行に参加した。お決まりどおり、枕投げをして先生に叱られたし、行く場所、行く場所で、それは楽しく過ごした。そんな中で、奈良東大寺を訪れる。柱くぐりをするために大仏殿内に全体が集合したとき、当時旗係をして、クラスの先頭に立っていた少年は、担任の先生に声をかけられた。

　「門田くん、そこの柱の前に立ってくれ。小学生の体に比べて、大仏殿の柱がどれだけ大きいかを撮りたいから」

　それは嬉しかった。何せ、大好きな担任の先生が、みんなの前で自分一人を指名して、写真を撮ってくれたのだから、嬉しくないはずがない。後日、学校に帰って写真が貼り出される日を楽しみに待った。

　そしてその日がやってくる。写真を見た瞬間、呆然となった。顔がない。楽しみが半減どころか、すぐに先生のところに走って行って、先生を詰るように「先生！　顔が写っていないが！」と言うと、先生は優しく「門田くん、先生は柱の大きさを写すと言ったろ。決して、君を撮ったのではないんだよ」。

　その瞬間は、何かで頭を殴られたようだった。そうだ、有頂天になっていたのは自分だけで、自分本位に物事を考えていたのは自分だけで……。少年の心に何かがグサッと突き刺さった。先生は、誰に対しても平等なんだ。

　やがて、少年は、夢をもった。津村先生のような学校の先生になりたい。そうして、教師の道を志した。私たち夫婦が結婚した式にも、先生に来てもらった。父は涙ながらに、先生へのお礼を挨拶で述べた。その父も今は亡くなり、そして、昨年、先生の訃報が届いた。

　夢をもつ、夢を追いかけるということは、掛け替えのない一生の宝物を見つけるということだ。退職された後も、新たな目標を見つけられた先生は、備中神楽の面打師となった。今日も、我が家のリビングの壁に掛けてある津村雄水の神楽面が、何かを語りかけてくれるようだ。

学校教育・実践ライブラリ　Vol.11
総合的な学習のこれからを考える

令和2年3月1日　第1刷発行

編集・発行　　**株式会社ぎょうせい**

　　　　〒136-8575　東京都江東区新木場1-18-11
　　　　電話番号　編集　03-6892-6508
　　　　　　　　　営業　03-6892-6666
　　　　フリーコール　0120-953-431
　　　　URL　https://gyosei.jp

〈検印省略〉

印刷　ぎょうせいデジタル株式会社
乱丁・落丁本は、送料小社負担のうえお取り替えいたします。
©2020　Printed in Japan.　禁無断転載・複製

ISBN978-4-324-10620-4（3100541-01-011）〔略号：実践ライブラリ11〕